「意味順」だからできる！

小学生のための 英文法ドリル3

疑問詞マスター

田地野 彰 監修
Tajino Akira

中川 浩・小泉 レイラ 著
Nakagawa Hiroshi　Koizumi　Leila

JN079086

Jリサーチ出版

保護者の皆様へ

はじめに

　英語はますます重要になってきています。小学校では「英語が教科」として扱われ、中学や高校では「英語を英語で」学ぶことが推奨され、大学では「英語で学ぶ」授業が増えつつあります。

　しかしながら、いまだに「英語で文を作れない」「英語は難しい」と、英語学習に悩む中学生や高校生、大学生は少なくありません。

　これまでの英語学習では、英語について語ることはできても、英語を使うまでには至っていなかったのではないでしょうか。いま、英語の学び方が問われています。

　本書では「使う」ための英語の学び方として注目を集めている「意味順」をご紹介いたします。「意味順」の教育効果については、さまざまな研究により検証が行われ、その高い有効性は国内外の学術論文や専門書、学術会議などを通して発表されています。

英語の特徴

　英語には**語句の順序が変わると、意味も変わる**という特徴があります。英語は、単語の並べ方がとても重要な言語なのです。

　例えば、Tom ate the apple.（トムはりんごを食べた）を、語句の順序を誤って、The apple ate Tom.（りんごがトムを食べた）と言えば、意味はまったく通じません。

　では、どのように語句を並べればいいのでしょうか？

難解な文法用語は使わない

　語句の並べ方を学ぶ方法としては、これまでおもに「5文型」と呼ばれる5つの文パターンが使われてきました。その方法では、主語や動詞、目的語といった難解な文法用語が用いられます。しかし、意味の観点から語句の並びをとらえ直してみると、基本的に、主語は「人や生き物」が中心で、動詞は「動作（する）と状態（です）」を表し、目的語には「人やモノ、コト」が該当します。

　つまり、「だれが」「する（です）」「だれ・なに」なのです！

英語は「意味順」で成り立っている

　この意味のまとまりの順序に沿って語句を並べれば、言いたいことを英語で表現できるようになります。この**意味のまとまりの順序**を「意味順」と呼んでいます。

意味順：「たまてばこ」「だれが」「する（です）」「だれ・なに」「どこ」「いつ」

　最初の「たまてばこ」は、疑問文での「疑問詞」（What や When など）や do などを扱うためのボックスです。例えば、「あなたは月曜日に学校でなにを勉強しますか？」「英語と音楽を勉強します」を英語で表現すれば、次のようになります。

1）　あなたは / 月曜日に / 学校で / なにを / 勉強しますか？

たまてばこ	だれが	する（です）	だれ・なに	どこ	いつ
なにを〜しますか？	あなたは	勉強する		学校で	月曜日に
What do	you	study		at school	on Mondays?

2）　わたしは / 英語と音楽を / 勉強します。

だれが	する（です）	だれ・なに	どこ	いつ
わたしは	勉強します。	英語と音楽を		
I	study	English and music.		

　このように、英語の特徴を活かした「意味順」を使って英語を学べば、**自分の意見や気持ちを英語で表現でき、また質問もできる**ようになります。

　本書を通して、お子様たちが、楽しみながら英語を学んでくれることを願っております。

監修者　田地野　彰

（「意味順」考案者）

もくじ

テーマ1 　be動詞＆一般動詞マスターのおさらい

テーマ2 　Whatを使ってしつもんする①

テーマ3 　Whereを使ってしつもんする

テーマ4 　Whenを使ってしつもんする

「意味順」って何のこと？

英語は、

| たまてばこ | だれが | する（です） | だれ・なに | どこ | いつ |

という順番で意味がまとまっています。
この「意味のまとまりのならび方」のことを「意味順」とよびます。

例えば、「ぼくは / イヌを / かっている」だったら、

| だれが | ＝ ぼくは（英語では "I"）

| する（です） | ＝ かっている（英語では "have"）

| だれ・なに | ＝ イヌ（英語では "a dog"）

という順じょに、英語を当てはめると

I have a dog.

という英語の文ができます。

とってもかんたんですよね！

このドリルでは、

| たまてばこ | だれが | する（です） | だれ・なに | どこ | いつ |

を「意味順」ボックスと呼んでいます。

「意味順」ボックスを使えば、まるでパズルを当てはめていくように日本語を英語にしていくことができます。

この本では、いろいろなことを相手にしつもんする練習をします。

しつもんするときは、 たまてばこ を使います。

例えば「あなたは月曜日に学校でなにを勉強しますか？」だったら、

たまてばこ ＝ なにを〜しますか？（英語では "What do"）

だれが ＝ あなたは（英語では "you"）

する（です）＝ 勉強する（英語では "study"）

どこ ＝ 学校で（英語では "at school"）

いつ ＝ 月曜日に（英語では "on Mondays"）

という順じょに、英語を当てはめると

What do you study at school on Mondays?

という英語の文ができます。

言いたいことを英語で伝えられるように、いっしょに「意味順」を楽しみましょう！

この本のとくちょうと使い方

● たまてばこ だれが する（です） だれ・なに どこ いつ の「意味順」ボックスに当てはめるだけで正しい英語が書けるようになる！

● 「意味順」ボックスが色分けされており、小学生でもわかりやすい！

● 単語のなぞりから文を書くまでの4つのスモールステップをふむことで、英語の語順ルールが定着！

● 音声ダウンロード付きで、発音・リスニングの練習ができる！

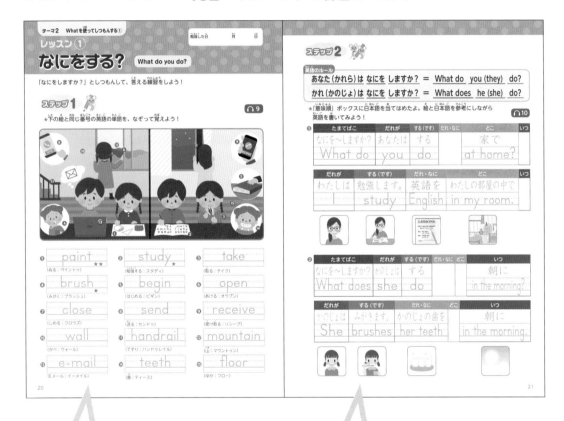

ステップ1

単語をなぞって覚えていきます。★マークは1巻目、★★は2巻目に出てきた単語です。

ステップ2

「意味順」ボックスを使って、英語の文の並び方を確認していきます。

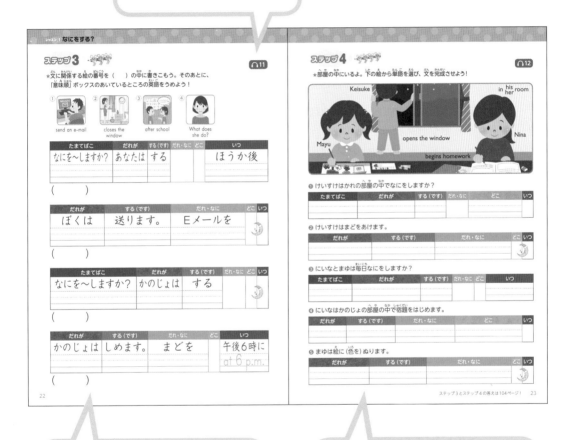

音声のトラック番号を
表しています。

ステップ3

絵に合う文を選んで、英語の
文を書いていく練習です。

ステップ4

絵から単語を選んで、英語の
文を書いていく練習です。

音声ダウンロードについて

この本の音声は、英語→日本語の順番に流れます。
単語と文の発音・リスニングの確認、練習にご活用ください。

おうちの人に
やってもらってね！

かんたん！ 音声ダウンロードのしかた

STEP1 商品ページにアクセス！ 方法は次の3とおり！
● QRコードを読み取ってアクセス。

● https://www.jresearch.co.jp/book/b510834.html を入力してアクセス。

● Jリサーチ出版のホームページ（https://www.jresearch.co.jp/）にアクセスして、「キーワード」に書籍名を入れて検索。

STEP2 ページ内にある「音声ダウンロード」ボタンをクリック！

STEP3 ユーザー名「1001」、パスワード「24895」を入力！

STEP4 音声の利用方法は2とおり！ 学習スタイルに合わせた方法でお聴きください！
● 「音声ファイル一括ダウンロード」より、ファイルをダウンロードして聴く。
● ▶ボタンを押して、その場で再生して聴く。

※ダウンロードした音声ファイルは、パソコン・スマートフォンなどでお聴きいただくことができます。一括ダウンロードの音声ファイルは.zip形式で圧縮してあります。解凍してご利用ください。ファイルの解凍がうまくできない場合は、直接の音声再生も可能です。

音声ダウンロードについてのお問い合わせ先：toiawase@jresearch.co.jp（受付時間：平日9時〜18時）

be動詞&
一般動詞
マスターの
おさらい

「〜です」「〜する」を使ったいろいろな英語の言い方をふく習
しましょう。

「〜です」(be動詞)、「〜する」(一般動詞)のおさらい ①

点数 ／100点

ここでは、これまで学んだ「〜です」や「〜する」の言い方を会話を使ってふく習していきます。思い出してみよう!

Hi!
こんにちは!

🎧 2

❶ わたしはゆいです。

だれが	する (です)	だれ・なに	どこ	いつ
I	am	Yui.	🌙	

(20点)

❷ わたしは8才です。

だれが	する (です)	だれ・なに	どこ	いつ
		eight years old.	🌙	

(20点)

❸ わたしは3年生です。

だれが	する (です)	だれ・なに	どこ	いつ
		a 3rd grader.	🌙	

(20点)

❹ わたしは算数と歴史がすきです。

だれが	する (です)	だれ・なに	どこ	いつ
		and	🌙	

(20点)

❺ わたしは英語を読むことができます。

だれが	する (です)	だれ・なに	どこ	いつ
			🌙	

(20点)

➡ 答えは102ページ!

「~です」(be動詞)、「~する」(一般動詞)のおさらい ②

ここでは、これまで学んだ「~です」や「~する」の言い方を会話を使ってふく習していきます。思い出してみよう!

This is Haruto.
こちらははるとです。

 3

❶かれはわたしのお兄さんです。

だれが	する (です)	だれ・なに	どこ	いつ
He	is	my older brother.		

(20点)

❷かれはバスケットボールをします。

だれが	する (です)	だれ・なに	どこ	いつ
		basketball.		

(20点)

❸かれはせが高いです。

だれが	する (です)	だれ・なに	どこ	いつ

(20点)

❹わたしたちのお母さんはコックです。

だれが	する (です)	だれ・なに	どこ	いつ

(20点)

❺かのじょはおいしいパンケーキを作ります。

だれが	する (です)	だれ・なに	どこ	いつ
		delicious		

(20点)

➡ 答えは102ページ!

13

「〜です」(be動詞)、「〜する」(一般動詞)のおさらい ③

点数	／100点

ここでは、これまで学んだ「〜です」や「〜する」の言い方を会話を使ってふく習していきます。思い出してみよう！

Where is my pencil case?
わたしのふでばこはどこですか？

❶ なつみ：わたしのふでばこはどこですか。

たまてばこ	だれが	する (です)	だれ・なに	どこ	いつ
Where is	my pencil case?			🌙	

(20点)

❷ けんた：ぼくのえんぴつと消しゴムを使っていいですよ。

だれが	する (です)	だれ・なに	どこ	いつ
		my pencil and eraser.	🌙	

(20点)

❸ なつみ：ありがとう。(Thank you.) 今日図工があります。

だれが	する (です)	だれ・なに	どこ	いつ
We	have	the art class		

(20点)

❹ けんた：図工はすきですか？

たまてばこ	だれが	する (です)	だれ・なに	どこ	いつ
				🌙	

(20点)

❺ なつみ：はい、すきです。

たまてばこ	だれが	する (です)	だれ・なに	どこ	いつ
				🌙	

(20点)

➡ 答えは102ページ！

「～です」(be動詞)、「～する」(一般動詞)のおさらい④

点数	／100点

ここでは、これまで学んだ「～です」や「～する」の言い方を会話を使ってふく習していきます。思い出してみよう！

I play baseball.
ぼくは野球をします。

🎧 5

❶ ゆうた：あなたはうで立てをしますか。

たまてばこ	だれが	する（です）	だれ・なに	どこ	いつ
			push-ups?	🌙	

（10点）

❷ ちさ：はい、わたしは1分でうで立てを20回することができます。

たまてばこ	だれが	する（です）	だれ・なに	どこ	いつ
					in one minute.

（10点）

❸ ゆうた：トムは1分でうで立てを30回することができます。

だれが	する（です）	だれ・なに	どこ	いつ

（20点）

❹ ちさ：かれはスポーツをしますか。

たまてばこ	だれが	する（です）	だれ・なに	どこ	いつ
			sports?	🌙	

（20点）

❺ ゆうた：はい。かれは野球をします。

たまてばこ	だれが	する（です）	だれ・なに	どこ	いつ
			baseball.	🌙	

（20点）

❻ ゆうた：かれは毎日野球場に行きます。

だれが	する（です）	だれ・なに	どこ	いつ
			to the baseball field	

（20点）

➡ 答えは102ページ！

「〜です」(be動詞)、「〜する」(一般動詞)のおさらい ⑤

てんすう 点数	／100点

ここでは、これまで学んだ「〜です」や「〜する」の言い方を会話を使ってふく習していきます。思い出してみよう！

Let's go to the park!
公園に行きましょう！

🎧 6

❶ お父さん：今日は晴れです。

だれが	する（です）	だれ・なに	どこ	いつ

(20点)

❷ はると：わたしたちは公園でお昼ごはんを食べることができます。

だれが	する（です）	だれ・なに	どこ	いつ
		lunch		

(20点)

❸ お父さん：わたしはサンドイッチを作っているところです。

だれが	する（です）	だれ・なに	どこ	いつ
		sandwiches.	🌙	

(20点)

❹ はると：わたしたちはコンビニでクッキーを買いますか。

たまてばこ	だれが	する（です）	だれ・なに	どこ	いつ
			cookies	at the convenience store?	

(20点)

❺ お父さん：ひつようありません。(No need.)
　　お母さんとゆいがキッチンの中でクッキーを作っているところです。

だれが	する（です）	だれ・なに	どこ	いつ
			in the kitchen.	

(20点)

➡ 答えは103ページ！

「～です」(be動詞)、「～する」(一般動詞)のおさらい ⑥

点数	／100点

ここでは、これまで学んだ「～です」や「～する」の言い方を会話を使ってふく習していきます。思い出してみよう！

Do you have a pet?
あなたはペットをかっていますか？

❶ちさ：あなたはペットをかっていますか。

たまてばこ	だれが	する（です）	だれ・なに	どこ	いつ
			a pet?	🌙	

(20点)

❷ゆい：はい。わたしはネコをかっています。

たまてばこ	だれが	する（です）	だれ・なに	どこ	いつ
			a cat.	🌙	

(20点)

❸ちさ：こちらはあなたのお兄さんですか。

たまてばこ	だれが	する（です）	だれ・なに	どこ	いつ
			older brother?	🌙	

(20点)

❹ゆい：はい、そうです。

たまてばこ	だれが	する（です）	だれ・なに	どこ	いつ
				🌙	

(20点)

❺ゆい：かれの名前ははるとです。

だれが	する（です）	だれ・なに	どこ	いつ
		Haruto.	🌙	

(20点)

➡ 答えは103ページ！

「〜です」(be動詞)、「〜する」(一般動詞)のおさらい ⑦

点数　　／100点

ここでは、これまで学んだ「〜です」や「〜する」の言い方を会話を使ってふく習していきます。思い出してみよう！

Let's make curry today!
今日はカレーを作りましょう！

🎧 8

❶はると：ぼくはカレーが大すきです！

だれが	する（です）	だれ・なに	どこ	いつ
		curry!	🌙	

(20点)

❷お父さん：あなたたちはじゃがいもとにんじんをむきます。

だれが	する（です）	だれ・なに	どこ	いつ
	peel	the potatoes　　carrots.	🌙	

(20点)

❸ゆい：わたしたちは牛肉を切りますか。

たまてばこ	だれが	する（です）	だれ・なに	どこ	いつ
			the beef?	🌙	

(20点)

❹お父さん：はい、お願いします。

たまてばこ	だれが	する（です）	だれ・なに	どこ	いつ
Yes, please.					🌙

(20点)

❺お父さん：牛肉は買い物ぶくろの中にあります。

だれが	する（です）	だれ・なに	どこ	いつ
			in the shopping bag.	

(20点)

➡ 答えは103ページ！

Whatを使ってしつもんする①

勉強した日　　　月　　　日

レッスン①

なにをする？　What do you do?

「なにをしますか？」としつもんして、答える練習をしよう！

ステップ1　🎧9

★下の絵と同じ番号の英語の単語を、なぞって覚えよう！

① **paint** ★★
（ぬる：ペイントゥ）

② **study** ★
（勉強する：スタディ）

③ **take**
（取る：テイク）

④ **brush** ★
（みがく：ブラッシュ）

⑤ **begin**
（はじめる：ビギン）

⑥ **open**
（あける：オウプン）

⑦ **close**
（しめる：クロウズ）

⑧ **send**
（送る：センドゥ）

⑨ **receive**
（受け取る：リシーブ）

⑩ **wall**
（かべ：ウォール）

⑪ **handrail**
（てすり：ハンドゥレイル）

⑫ **mountain**
（山：マウントゥン）

⑬ **e-mail**
（Eメール：イーメイル）

⑭ **teeth**
（歯：ティース）

⑮ **floor**
（ゆか：フロー）

英語のルール

| あなた（かれら）は なにを しますか？ | = | What do you (they) do? |
| かれ（かのじょ）は なにを しますか？ | = | What does he (she) do? |

★「意味順」ボックスに日本語を当てはめたよ。絵と日本語を参考にしながら
英語を書いてみよう！ 🎧10

①

たまてばこ	だれが	する（です）	だれ・なに	どこ	いつ
なにを〜しますか？	あなたは	する		家で	
What do	you	do		at home?	

だれが	する（です）	だれ・なに	どこ	いつ
わたしは	勉強します。	英語を	わたしの部屋の中で	
I	study	English	in my room.	

②

たまてばこ	だれが	する（です）	だれ・なに	どこ	いつ
なにを〜しますか？	かのじょは	する			朝に
What does	she	do			in the morning?

だれが	する（です）	だれ・なに	どこ	いつ
かのじょは	みがきます。	かのじょの歯を		朝に
She	brushes	her teeth		in the morning.

ステップ3

🎧11

★文に関係する絵の番号を（　）の中に書きこもう。そのあとに、「意味順」ボックスのあいているところの英語をうめよう！

①
send an e-mail

②
closes the window

③
after school

④
What does she do?

たまてばこ	だれが	する（です）	だれ・なに	どこ	いつ
なにを〜しますか？	あなたは	する			ほうか後

（　　　）

だれが	する（です）	だれ・なに	どこ	いつ
ぼくは	送ります。	Eメールを	🌙	

（　　　）

たまてばこ	だれが	する（です）	だれ・なに	どこ	いつ
なにを〜しますか？	かのじょは	する		🌙	

（　　　）

だれが	する（です）	だれ・なに	どこ	いつ
かのじょは	しめます。	まどを		午後6時に
				at 6 p.m.

（　　　）

★部屋の中にいるよ。下の絵から単語を選び、文を完成させよう！

❶ けいすけはかれの部屋の中でなにをしますか？

たまてばこ	だれが	する（です）	だれ・なに	どこ	いつ

❷ けいすけはまどをあけます。

だれが	する（です）	だれ・なに	どこ	いつ

❸ にいなとまゆは毎日なにをしますか？

たまてばこ	だれが	する（です）	だれ・なに	どこ	いつ

❹ にいなはかのじょの部屋の中で宿題をはじめます。

だれが	する（です）	だれ・なに	どこ	いつ

❺ まゆは絵に（色を）ぬります。

だれが	する（です）	だれ・なに	どこ	いつ

ステップ3とステップ4の答えは104ページ！

レッスン②

なにがひつよう？　What do you need?

「なにがひつようですか？」としつもんして、答える練習をしよう！

ステップ1

★下の絵と同じ番号の英語の単語を、なぞって覚えよう！

❶ silverware

（食器（ナイフ、スプーンなど）：シルバーウェア）

❷ knife

（ほうちょう：ナイフ）

❸ bath towel

（バスタオル：バスタオ）

❹ hand towel

（ハンドタオル：ハンタオ）

❺ match

（マッチ）

❻ lighter

（ライター）

❼ tent

（テント：テンツ）

❽ fishing pole

（つりざお：フィッシンポウル）

❾ blanket

（もうふ：ブランケッツ）

❿ hammock

（ハンモック：ハムック）

⓫ sleeping bag

（ねぶくろ：スリーピンバッグ）

⓬ pillow

（まくら：ピロウ）

⓭ cooler

（クーラーボックス：クーラー）

⓮ lantern

（ランタン）

⓯ flashlight

（かいちゅうでんとう：フラッシュライトゥ）

ステップ2

英語のルール

あなた（かれら）は なにが ひつようですか？ ＝ <u>What do</u> <u>you (they)</u> <u>need?</u>

かれ（かのじょ）は なにが ひつようですか？ ＝ <u>What does</u> <u>he (she)</u> <u>need?</u>

★「意味順」ボックスに日本語を当てはめたよ。絵と日本語を参考にしながら
英語を書いてみよう！　　　　　　　　　　　　　　　　　　　　　🎧14

❶

たまてばこ	だれが	する（です）	だれ・なに	どこ	いつ
なにが～ですか？	あなたは	ひつよう		キャンプ場で	
What do	you	need		at the campsite?	

だれが	する（です）	だれ・なに	どこ	いつ
ぼくは	ひつようです。	テントが	キャンプ場で	
I	need	a tent	at the campsite.	

❷

たまてばこ	だれが	する（です）	だれ・なに	どこ	いつ
なにが～ですか？	かれは	ひつよう		川で	
What does	he	need		at the river?	

だれが	する（です）	だれ・なに	どこ	いつ
かれは	ひつようです。	つりざおが	川で	
He	needs	a fishing pole	at the river.	

ステップ3

🔊15

★文に関係する絵の番号を（　）の中に書きこもう。そのあとに、
「意味順」ボックスのあいているところの英語をうめよう！

①
need
a cooler

③
What does she
need tonight?

④
at the
campsite

たまてばこ	だれが	する（です）	だれ・なに	どこ	いつ
なにが〜ですか？	かのじょは	ひつよう			今ばん

（　　　　　）

だれが	する（です）	だれ・なに	どこ	いつ
かのじょは	ひつようです。	ハンドタオルが	🌙	

（　　　　　）

たまてばこ	だれが	する（です）	だれ・なに	どこ	いつ
なにが〜ですか？	かれらは	ひつよう		キャンプ場で	
				at the campsite?	

（　　　　　）

だれが	する（です）	だれ・なに	どこ	いつ
かれらは	ひつようです。	クーラーボックスが	🌙	

（　　　　　）

ステップ 4 〔16〕

★キャンプに行くよ。下の絵から単語を選び、文を完成させよう！

❶ けいすけはキャンプ場でなにがひつようですか？

たまてばこ	だれが	する（です）	だれ・なに	どこ	いつ

❷ けいすけはハンモックとまくらがひつようです。

だれが	する（です）	だれ・なに	どこ	いつ
			🌙	

❸ だいすけとりゅうじは土曜日になにがひつようですか？

たまてばこ	だれが	する（です）	だれ・なに	どこ	いつ
					on Saturday?

❹ かれらは食器とナイフがひつようです。

だれが	する（です）	だれ・なに	どこ	いつ
			🌙	

なにをする？ おさらい

点数 ／100点

下の___に当てはまる単語を「____」から選んで書こう。そのあと、「意味順」ボックスの中に英語を書いて文を完成させよう！

🎧17

1. ❶まゆとみなみは図書館でなにを_____か？
   かのじょたちは図書館で本を読みます。

   | 読みます 教えます 食べます |

   ❶

たまてばこ	だれが	する（です）	だれ・なに	どこ	いつ

   （30点）

2. てつやのお父さんは小学校の先生です。かれのお父さんは今日、学校でなにをしますか？
   ❷かれのお父さんは学校で英語を_____。

   | 読みます 教えます 食べます |

   ❷

だれが	する（です）	だれ・なに	どこ	いつ

   （30点）

3. あかりはレストランでなにをしますか？
   ❸かのじょはレストランでランチを_____。

   | 読みます 教えます 食べます |

   ❸

だれが	する（です）	だれ・なに	どこ	いつ
			at a	

   （40点）

➡答えは105ページ！

なにがひつよう？ おさらい

下の___に当てはまる単語を▭から選んで書こう。そのあと、「意味順」ボックスの中に英語を書いて文を完成させよう！

1. かれらはキャンプ場でたき火をします。かれらはなにがひつようですか？
   ❶かれらは_____がひつようです。

   | もうふ　　ライター　　つりざお |

❶

だれが	する（です）	だれ・なに	どこ	いつ

(30点)

2. ゆうせいとさつきは今日つりに行きます。
   ❷かれらは今日_____がひつようです。

   | もうふ　　ライター　　つりざお |

❷

だれが	する（です）	だれ・なに	どこ	いつ

(30点)

3. もえとゆうこはテントの中でねます。かのじょたちはなにがひつようですか？
   ❸かのじょたちはテントの中で_____がひつようです。

   | もうふ　　ライター　　つりざお |

❸

だれが	する（です）	だれ・なに	どこ	いつ

(40点)

➡️答えは105ページ！

be動詞を使ったしつもん文を作ってみよう

WhatやWhereなどを使ったbe動詞のしつもん文も「意味順」ボックスで
かんたんに作れるよ！

❶ かれの名前はひろしです。

だれが	する（です）	だれ・なに	どこ	いつ
かれの名前は His name	です。 is	ひろし Hiroshi.	🌙	

❷ かれの名前はなんですか？ など「なに（What）」をしつもんしたいときは「たまてばこ」に
Whatをいれます。

たまてばこ	だれが	する（です）	だれ・なに	どこ	いつ
なに〜か？ What	かれの名前は his name	です is		🌙	

❸ be動詞がある場合はそのままbe動詞を「たまてばこ」にいどうさせましょう。

たまてばこ	だれが	する（です）	だれ・なに	どこ	いつ
なに〜ですか？ What is	かれの名前は his name?			🌙	

Whereを
使って
しつもんする

レッスン①

どこですか? どこに行く?

Where are you? Where do you go?

「どこですか？」「どこに行きますか？」としつもんして、答える練習をしよう！

ステップ1

🎧19

★下の絵と同じ番号の英語の単語を、なぞって覚えよう！

学習室　⑪
読書室　⑫
コンピューター室　⑬

❶ go ★
（行く：ゴー）

❷ come
（来る：カム）

❸ read ★★
（読む：リーッ）

❹ write ★
（書く：ライツ）

❺ learn
（学ぶ：ラーン）

❻ borrow
（借りる：ボーロウ）

❼ search
（さがす：サーチ）

❽ library
（図書館：ライブラリー）

❾ counter
（カウンター）

❿ newspaper
（新聞：ニューズペイパー）

⓫ study room
（学習室：スタディルーム）

⓬ reading room
（読書室：リーディンルーム）

⓭ computer room
（コンピューター室：コンピュータールーム）

⓮ to ★★
（〜へ：トゥ）

⓯ from
（〜から：フローム）

英語のルール

あなた（かれら）は どこですか？	=	Where are	you (they) ?
かれ（かのじょ）は どこですか？	=	Where is	he (she) ?
あなた（かれら）は どこに 行きますか？	=	Where do	you (they)	go?
かれ（かのじょ）は どこに 行きますか？	=	Where does	he (she)	go?

★「意味順」ボックスに日本語を当てはめたよ。絵と日本語を参考にしながら英語を書いてみよう！　🎧20

❶

たまてばこ	だれが	する（です）	だれ・なに	どこ	いつ
どこ〜ですか？	かれは				
Where is	he?			🌙	

だれが	する（です）	だれ・なに	どこ	いつ
かれは	です。		図書館の近く	
He	is		near the library.	

❷

たまてばこ	だれが	する（です）	だれ・なに	どこ	いつ
どこに〜しますか？	あなたは	行く			
Where do	you	go?		🌙	

だれが	する（です）	だれ・なに	どこ	いつ
わたしは	行きます。		学校に	
I	go		to school.	

ステップ3

★文に関係する絵の番号を（　　）の中に書きこもう。そのあとに、
「意味順」ボックスのあいているところの英語をうめよう！

①
computer room

②
Where is she?

③
Where do you go?

④
Meg borrow

たまてばこ	だれが	する（です）	だれ・なに	どこ	いつ
どこに〜しますか？	あなたは	行く			

（　　　　）

だれが	する（です）	だれ・なに	どこ	いつ
わたしは	行きます。		コンピューター室へ	

（　　　　）

たまてばこ	だれが	する（です）	だれ・なに	どこ	いつ
どこ〜ですか？	かのじょは				
Where is	she?				

（　　　　）

たまてばこ	だれが	する（です）	だれ・なに	どこ	いつ
どこで〜しますか？	メグは	借りる	本を		

（　　　　）

★図書館に来たよ。下の絵から単語を選び、文を完成させよう！

❶ あなたは午後3時にどこに行きますか？

たまてばこ	だれが	する（です）	だれ・なに	どこ	いつ

❷ わたしは午後3時に図書館へ行きます。

だれが	する（です）	だれ・なに	どこ	いつ

❸ ちかとかれんはどこで勉強しますか？

たまてばこ	だれが	する（です）	だれ・なに	どこ	いつ

❹ ちかは読書室で理科の本を読みます。

だれが	する（です）	だれ・なに	どこ	いつ

❺ かれんは学習室で英語を勉強します。

だれが	する（です）	だれ・なに	どこ	いつ

ステップ3とステップ4の答えは106ページ！　35

レッスン ②

どこで〜する？ ①

Where do you 〜?

「どこで〜しますか？」としつもんして、答える練習をしよう！

ステップ 1

🎧23

★ 下の絵と同じ番号の英語の単語を、なぞって覚えよう！

❶ play ★
（遊ぶ：プレイ）

❷ speak ★
（話す：スピーク）

❸ cook ★★
（料理する：クック）

❹ watch ★★
（見る：ウォッチ）

❺ home
（家：ホウム）

❻ park
（公園：パーク）

❼ playground
（運動場：プレイグラウン）

❽ go shopping
（買い物に行く：ゴウショッピン）

❾ classroom
（教室：クラスルーム）

❿ kitchen
（キッチン）

⓫ cram school
（じゅく：クラムスクール）

⓬ after
（〜のあとに：アフター）

⓭ at
（〜で：アッツ）

⓮ in ★
（〜の中で：イン）

⓯ mix ★★
（〜をまぜる：ミックス）

英語のルール

あなた（かれら）は どこで ～しますか？	=	Where do　you (they)　(動詞)～?
かれ（かのじょ）は どこで ～しますか？	=	Where does　he (she)　(動詞)～?

★「意味順」ボックスに日本語を当てはめたよ。絵と日本語を参考にしながら
英語を書いてみよう！　🎧24

❶

たまてばこ	だれが	する（です）	だれ・なに	どこ	いつ
どこで～しますか？	あなたは	する	野球を		
Where do	you	play	baseball?		

だれが	する（です）	だれ・なに	どこ	いつ
わたしは	します。	野球を	運動場で	
I	play	baseball	at the playground.	

❷

たまてばこ	だれが	する（です）	だれ・なに	どこ	いつ
どこで～しますか？	かれは	話す	英語を		ほうか後
Where does	he	speak	English		after school?

だれが	する（です）	だれ・なに	どこ	いつ
かれは	話します。	英語を	教室の中で	ほうか後
He	speaks	English	in the classroom	after school.

ステップ3

🎧25

★文に関係する絵の番号を（　）の中に書きこもう。そのあとに、「意味順」ボックスのあいているところの英語をうめよう！

English

at cram school

after homework

watch TV

たまてばこ	だれが	する（です）	だれ・なに	どこ	いつ
どこで～しますか？	あなたは	見る	テレビを		🌙

（　　　　）

たまてばこ	だれが	する（です）	だれ・なに	どこ	いつ
どこで～しますか？	なみは	話す	英語を		🌙

（　　　　）

だれが	する（です）	だれ・なに	どこ	いつ
なみとしほは	話します。	英語を	じゅくで	
Nami and Shiho	speak	English	at cram school.	

（　　　　）

たまてばこ	だれが	する（です）	だれ・なに	どこ	いつ
どこで～しますか？	かのじょたちは	遊ぶ			宿題のあとに

（　　　　）

★授業が終わったよ。下の絵から単語を選び、文を完成させよう！

❶ まゆとなみえはどこでサッカーをしますか？

たまてばこ	だれが	する（です）	だれ・なに	どこ	いつ
				🌙	

❷ かのじょたちはテストのあと公園でサッカーをします。

だれが	する（です）	だれ・なに	どこ	いつ

❸ ひさえは授業のあとどこで（マンガを）読みますか？

たまてばこ	だれが	する（です）	だれ・なに	どこ	いつ

❹ ひさえは家でマンガを読みます。

だれが	する（です）	だれ・なに	どこ	いつ

レッスン③

どこで〜する？②　Where do you 〜？

「どこで〜しますか？」としつもんして、答える練習をしよう！

ステップ**1**

🎧27

★下の絵と同じ番号の英語の単語を、なぞって覚えよう！

① eat ★
（食べる：イーツ）

② drink ★★
（飲む：ドゥリンク）

③ pay ★★
（はらう：ペイ）

④ wear ★
（着る：ウェア）

⑤ use ★★
（使う：ユーズ）

⑥ call ★
（電話する：コール）

⑦ throw away
（すてる：スローアウェイ）

⑧ bring ★★
（持ってくる（運ぶ）：ブリン）

⑨ lake
（湖：レイク）

⑩ forest
（森：フォレストゥ）

⑪ hamburger shop
（ハンバーガーショップ）

⑫ zoo
（動物園：ズー）

⑬ amusement park
（遊園地：アミューズメンパーク）

⑭ museum
（博物館：ミュージアム）

⑮ aquarium
（水族館：アクエリアム）

英語のルール

| あなた（かれら）は どこで ～しますか？ | = | Where do | you (they) | （動詞）？ |
| かれ（かのじょ）は どこで ～しますか？ | = | Where does | he (she) | （動詞）？ |

★「意味順」ボックスに日本語を当てはめたよ。絵と日本語を参考にしながら
英語を書いてみよう！

⌒28

❶

たまてばこ	だれが	する（です）	だれ・なに	どこ	いつ
どこで～しますか？	あなたは	食べる	昼食を		
Where do	you	eat	lunch?		

だれが	する（です）	だれ・なに	どこ	いつ
わたしは	食べます。	昼食を	湖で	
I	eat	lunch	at the lake.	

❷

たまてばこ	だれが	する（です）	だれ・なに	どこ	いつ
どこで～ですか？	かのじょは	飲んでいるところ	アップルジュースを		
Where is	she	drinking	apple juice?		

だれが	する（です）	だれ・なに	どこ	いつ
かのじょは	飲んでいるところです。	アップルジュースを	ハンバーガーショップで	
She	is drinking	apple juice	at the hamburger shop.	

ステップ3

★文に関係する絵の番号を（　　）の中に書きこもう。そのあとに、「意味順」ボックスのあいているところの英語をうめよう！

①
pay money

②
wear her dress

③
uses a camera

④
throw away her trash

たまてばこ	だれが	する（です）	だれ・なに	どこ	いつ
どこで〜しますか？	ゆうこは	すてる	かのじょのごみを		ランチのあと
					after lunch?

（　　　　）

たまてばこ	だれが	する（です）	だれ・なに	どこ	いつ
どこで〜しますか？	もえは	着る	かのじょのドレスを		
Where does	Moe	wear	her dress?		

（　　　　）

たまてばこ	だれが	する（です）	だれ・なに	どこ	いつ
どこで〜しますか？	たかは	はらう	お金を		仕事のあとに

（　　　　）

だれが	する（です）	だれ・なに	どこ	いつ
あさこは	使います。	カメラを	動物園で	

（　　　　）

ステップ 4

★ 食事をしているよ。下の絵から単語を選び、文を完成させよう！

① ともことひさえはどこでランチを食べていますか？

たまてばこ	だれが	する（です）	だれ・なに	どこ	いつ

② かのじょたちは水族館でハンバーガーを食べているところです。

だれが	する（です）	だれ・なに	どこ	いつ

③ ゆりこは食べ物を運びます。

だれが	する（です）	だれ・なに	どこ	いつ

④ あやは食べたあとにかのじょのごみをすてます。

だれが	する（です）	だれ・なに	どこ	いつ

ステップ3とステップ4の答えは107ページ！ 43

どこですか？ どこに行く？ おさらい

点数	／100点

下の＿＿に当てはまる単語を◻️から選んで書こう。そのあと、「意味順」ボックスの中に英語を書いて文を完成させよう！

🎧31

1. ❶ひろあきは週末＿＿＿＿＿＿＿＿へ行きますか？
ひろあきは日曜日に川へ行きます。

なに　だれ　どこ

①

たまてばこ	だれが	する（です）	だれ・なに	どこ	いつ

(25点)

2. ❷なつこは春休みの間に＿＿＿＿＿＿＿＿へ行きますか？
かのじょは春休みに水族館へ行きます。

なに　だれ　どこ

②

たまてばこ	だれが	する（です）	だれ・なに	どこ	いつ

(25点)

3. けんたは泳ぐのが大好きです。❸けんたは夏休みにどこへ行きますか？
❹かれは＿＿＿＿＿＿＿＿へ行きます。

ビーチ　　プラネタリウム　　キャンプ場

③

たまてばこ	だれが	する（です）	だれ・なに	どこ	いつ

④

だれが	する（です）	だれ・なに	どこ	いつ

(各25点)

➡️答えは107ページ！

どこで〜する？① おさらい

点数 ／100点

下の＿＿に当てはまる単語を ☐ から選んで書こう。そのあと、「意味順」ボックスの中に英語を書いて文を完成させよう！

🎧32

1. 今日は遠足です。❶生徒たちはどこでランチを＿＿＿＿＿＿＿＿か？

食べます　　歌います　　遊びます

❶

たまてばこ	だれが	する（です）	だれ・なに	どこ	いつ

（30点）

2. けんたとひろあきは英語が大すきです。
   ❷かれらはどこで英語を＿＿＿＿＿＿＿＿か？

料理します　　遊びます　　話します

❷

たまてばこ	だれが	する（です）	だれ・なに	どこ	いつ

（30点）

3. まりんとなつこはリビングルームにいます。
   ❸かのじょたちはどこでテレビを＿＿＿＿＿＿＿＿か？

遊びます　　料理します　　見ます

❸

たまてばこ	だれが	する（です）	だれ・なに	どこ	いつ

（40点）

➡ 答えは107ページ！

どこで〜する？② おさらい

点数 ／100点

下の___に当てはまる単語を [____] から選んで書こう。そのあと、「意味順」ボックスの中に英語を書いて文を完成させよう！

🎧33

1. やよいは服が大すきです。
   ❶ やよいはどこで服を_____か？

   | 買います | はらいます | 使います |

❶

たまてばこ	だれが	する（です）	だれ・なに	どこ	いつ

(25点)

2. りさこはケーキ屋さんではたらいています。
   ❷ かのじょはどこでケーキを_____か？

   | 読んでいます | 焼いています | 走っています |

❷

たまてばこ	だれが	する（です）	だれ・なに	どこ	いつ

(25点)

3. ハリーとかれのお父さんはショッピングモールに来ました。
   ❸ ハリーは新しいくつを買います。❹ かれのお父さんはどこでお金を_____か？

   | 買います | はらいます | 見ます |

❸

だれが	する（です）	だれ・なに	どこ	いつ

❹

たまてばこ	だれが	する（です）	だれ・なに	どこ	いつ

(各25点)

➡ 答えは108ページ！

Whenを
使って
しつもんする

レッスン①

いつ～ですか？ いつ～する？①

When is ～? When do you ～?

「いつ～ですか？」「いつ～しますか？」としつもんして、答える練習をしよう！

ステップ1

🎧34

★下の絵と同じ番号の英語の単語を、なぞって覚えよう！

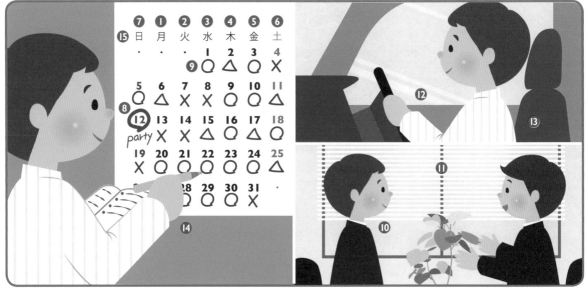

❶ Monday ★
（月曜日：マンデーィ）

❷ Tuesday ★
（火曜日：チューズデーィ）

❸ Wednesday ★
（水曜日：ウェンズデーィ）

❹ Thursday ★
（木曜日：サーズデーィ）

❺ Friday ★
（金曜日：フライデーィ）

❻ Saturday ★
（土曜日：サタデーィ）

❼ Sunday ★
（日曜日：サンデーィ）

❽ party
（パーティ）

❾ plan
（予定：プラン）

❿ listen to
（きく：リッスントゥー）

⓫ meet
（会う：ミーッ）

⓬ drive
（運転する：ドゥライヴ）

⓭ ride ★★
（乗る：ライド）

⓮ on
（～曜日に：オン）

⓯ every
（毎～：エヴリ）

ステップ2

英語のルール

いつ〜ですか？　＝　When is　（名詞）〜？

あなた（かれら）は　いつ 〜しますか？　＝　When do　you (they)　（動詞）〜？

かれ（かのじょ）は　いつ 〜しますか？　＝　When does　he (she)　（動詞）〜？

★「意味順」ボックスに日本語を当てはめたよ。絵と日本語を参考にしながら 英語を書いてみよう！　🎧35

①

たまてばこ	だれが	する (です)	だれ・なに	どこ	いつ
いつ〜ですか？	あなたのたんじょう日は				🌙
When is	your birthday?				

だれが	する (です)	だれ・なに	どこ	いつ
わたしのたんじょう日は	です。			今日
My birthday	is			today.

②

たまてばこ	だれが	する (です)	だれ・なに	どこ	いつ
いつ〜しますか？	あなたのお父さんは	運転する	かれの車を		🌙
When does	your father	drive	his car?		

だれが	する (です)	だれ・なに	どこ	いつ
わたしのお父さんは	運転します。	かれの車を	オフィスへ	月曜日に
My father	drives	his car	to the office	on Mondays.

49

ステップ**3**

🎧36

★文に関係する絵の番号を（　）の中に書きこもう。そのあとに、
「意味順」ボックスのあいているところの英語をうめよう！

①  ride a train

② listen to music

③ sell his toys

④ from the train station

たまてばこ	だれが	する（です）	だれ・なに	どこ	いつ
いつ〜ですか？	あなたは	乗る	電車に	🌙	
When do	you	ride	a train?		

（　　　）

たまてばこ	だれが	する（です）	だれ・なに	どこ
いつ〜しますか？	マイクは	売る	かれのおもちゃを	お店で
				at the store?

（　　　）

たまてばこ	だれが	する（です）	だれ・なに	どこ	いつ
いつ〜しますか？	りかは	きく	音楽を	🌙	
When does	Rika	listen to	music?		

（　　　）

だれが	する（です）	だれ・なに	どこ	いつ
わたしは	乗っているところです。	バスに	駅から	
			from the train station.	

（　　　）

ステップ 4

★みんなの予定はいつかな。下の絵から単語を選び、文を完成させよう！

❶ ひろしはいつスケートボードに乗りますか？

たまてばこ	だれが	する (です)	だれ・なに	どこ	いつ

❷ ひろしは火曜日に公園でスケートボードに乗ります。

だれが	する (です)	だれ・なに	どこ	いつ

❸ リサとジムはいつレストランで会いますか？

たまてばこ	だれが	する (です)	だれ・なに	どこ	いつ

❹ かれらはこの水曜日にレストランで会います。

だれが	する (です)	だれ・なに	どこ	いつ

❺ ゆきはいつバイクをなおしますか？

たまてばこ	だれが	する (です)	だれ・なに	どこ	いつ

レッスン②

いつ〜する？②　 When do you 〜?

「いつ〜しますか？」としつもんして、答える練習をしよう！

ステップ1

🎧38

★下の絵と同じ番号の英語の単語を、なぞって覚えよう！

❶ January
（1月：ジャニュアリー）

❷ February
（2月：フェブラリー）

❸ March
（3月：マーチ）

❹ April
（4月：エイプリル）

❺ May
（5月：メイ）

❻ June
（6月：ジューン）

❼ July
（7月：ジュライ）

❽ August
（8月：オーガスッ）

❾ September
（9月：セプテンバー）

❿ October
（10月：オクトーバー）

⓫ November
（11月：ノウヴェンバー）

⓬ December
（12月：ディセンバー）

⓭ in
（〜月に：イン）

⓮ wear
（着る：ウェアー）

ステップ2

英語のルール

あなた (かれら) は いつ ～しますか？	=	When do	you (they)	(動詞) ～？
かれ (かのじょ) は いつ ～しますか？	=	When does	he (she)	(動詞) ～？

★「意味順」ボックスに日本語を当てはめたよ。絵と日本語を参考にしながら
英語を書いてみよう！　🎧39

❶

たまてばこ	だれが	する (です)	だれ・なに	どこ	いつ
いつ～しますか？	トムは	する	サッカーを	サッカーフィールドで	
When does	Tom	play	soccer	at the soccer field?	

だれが	する (です)	だれ・なに	どこ	いつ
トムは	します。	サッカーを	サッカーフィールドで	5月に
Tom	plays	soccer	at the soccer field	in May.

❷

たまてばこ	だれが	する (です)	だれ・なに	どこ	いつ
いつ～しますか？	れいこは	歌う	歌を	ステージの上で	
When does	Reiko	sing	a song	on the stage?	

だれが	する (です)	だれ・なに	どこ	いつ
れいこは	歌います。	歌を	ステージの上で	10月に
Reiko	sings	a song	on the stage	in October.

53

ステップ3

🎧40

★文に関係する絵の番号を（　　）の中に書きこもう。そのあとに、「意味順」ボックスのあいているところの英語をうめよう！

①
at the festival

②
wear kimonos

③
eat watermelon

④
take the final exam

たまてばこ	だれが	する（です）	だれ・なに	どこ	いつ
いつ～しますか？	あなたは	受ける	期末試験を	学校で	
		take	the final exam		

（　　　　）

たまてばこ	だれが	する（です）	だれ・なに	どこ	いつ
いつ～しますか？	みかは	着る	着物を		

（　　　　）

たまてばこ	だれが	する（です）	だれ・なに	どこ	いつ
いつ～しますか？	あやは	食べる	スイカを	家で	

（　　　　）

だれが	する（です）	だれ・なに	どこ	いつ
ゆいとは	着ます。	ゆかたを	お祭りで	9月に
Yuito	wears	a yukata	at the festival	in September.

（　　　　）

ステップ4

★もうすぐ年の終わりだよ。下の絵から単語を選び、文を完成させよう!

❶ ゆうたはいつフルーツを食べますか？

たまてばこ	だれが	する (です)	だれ・なに	どこ	いつ

❷ ゆうたは12月にイチゴを食べます。

だれが	する (です)	だれ・なに	どこ	いつ

❸ かれらはいつ京都に行きますか？

たまてばこ	だれが	する (です)	だれ・なに	どこ	いつ

❹ なつかは12月に京都に行きます。

だれが	する (です)	だれ・なに	どこ	いつ

❺ だいすけは1月にりゅうじに京都で会います。

だれが	する (です)	だれ・なに	どこ	いつ

レッスン③

いつ〜する？③　When do you 〜?

「いつ〜しますか？」としつもんして、答える練習をしよう！

ステップ1

★下の絵と同じ番号の英語の単語を、なぞって覚えよう！

❶ 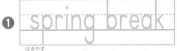 spring break
（春休み：スプリンブレイク）

❷ summer break
（夏休み：サマーブレイク）

❸ winter break
（冬休み：ウィンターブレイク）

❹  vacation
（休か：ヴァケイション）

❺ holiday
（しゅく日：ホリデイ）

❻ Sports Day
（体育の日：スポーツデー）

❼  Culture Day
（文化の日：カルチャーデー）

❽  festival
（お祭り：フェスティバル）

❾  during
（〜の間：デュアリン）

❿  give ★★
（あたえる、わたす：ギヴ）

⓫ relax
（リラックスする、休む：リラックス）

⓬  teach ★
（教える：ティーチ）

⓭ 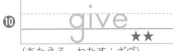 dance ★★
（おどる：ダーンス）

ステップ2

英語のルール

あなた(かれら)は いつ 〜しますか?	=	<u>When do</u>	you (they)	(動詞)〜?
かれ(かのじょ)は いつ 〜しますか?	=	<u>When does</u>	he (she)	(動詞)〜?

★「意味順」ボックスに日本語を当てはめたよ。絵と日本語を参考にしながら英語を書いてみよう！

🎧43

❶

たまてばこ	だれが	する (です)	だれ・なに	どこ	いつ
いつ〜しますか？	マイクは	教える	英語を		
When does	Mike	teach	English?	🌙	

だれが	する (です)	だれ・なに	どこ	いつ
マイクは	教えます。	英語を		夏休みの間に
Mike	teaches	English		during summer break.

❷

たまてばこ	だれが	する (です)	だれ・なに	どこ	いつ
いつ〜しますか？	先生は	あたえる	宿題を		
When does	the teacher	give	homework?	🌙	

だれが	する (です)	だれ・なに	どこ	いつ
先生は	あたえます。	宿題を		1時間目に
The teacher	gives	homework		during 1st period.

ステップ3 🎧44

★文に関係する絵の番号を（　）の中に書きこもう。そのあとに、
「意味順」ボックスのあいているところの英語をうめよう！

① during spring break

② receives toys

③ receive a present

④ sing a song

たまてばこ	だれが	する（です）	だれ・なに	どこ	いつ
いつ〜しますか？	まおは	もらう	プレゼントを	🌙	
			a present?		

（　　　　）

だれが	する（です）	だれ・なに	どこ	いつ
ゆうこともえは	学びます。	英語を		春休みの間に

（　　　　）

たまてばこ	だれが	する（です）	だれ・なに	どこ	いつ
いつ〜しますか？	生徒たちは	歌う	歌を	ステージの上で	
When do	students	sing	a song	on the stage?	

（　　　　）

だれが	する（です）	だれ・なに	どこ	いつ
かのじょは	もらいます。	おもちゃを		しゅく日に

（　　　　）

★みんなは休かになにをするのかな。下の絵から単語を選び、文を完成させよう！

during summer break

at home

relax

Yuta

Lisa

dance

on the stage

❶ あなたのお父さんはいつリラックスしますか？

たまてばこ	だれが	する (です)	だれ・なに	どこ	いつ

❷ わたしのお父さんは夏休みの間、家でリラックスします。

だれが	する (です)	だれ・なに	どこ	いつ

❸ ゆうたはいつ英語を学びますか？

たまてばこ	だれが	する (です)	だれ・なに	どこ	いつ

❹ ゆうたは夏休みの間、家で英語を学びます。

だれが	する (です)	だれ・なに	どこ	いつ

❺ リサはいつステージの上でおどりますか？

たまてばこ	だれが	する (です)	だれ・なに	どこ	いつ

いつ〜ですか？ いつ〜する？ ① おさらい

点数 ／100点

下の＿＿に当てはまる単語を□□□から選んで書こう。そのあと、「意味順」ボックスの中に英語を書いて文を完成させよう！

🎧46

1. けいすけとりゅうじはスケートボードが大すきです。

　❶かれらはいつスケートボードに＿＿＿＿＿＿＿＿＿＿か？

| 運転します　　点けんします　　乗ります |

❶

たまてばこ	だれが	する（です）	だれ・なに	どこ	いつ

(30点)

2. ひろしのお休みは週末です。ひさえのお休みは火曜日と土曜日です。

　かれらはいつ会いますか？ ❷かれらは毎週＿＿＿＿＿＿＿＿＿＿にカフェで会います。

| 火曜日　　土曜日　　日曜日 |

❷

だれが	する（です）	だれ・なに	どこ	いつ

(30点)

3. お父さんは平日に電車で学校へ行きます。お父さんはいつ電車に乗りますか？

　❸お父さんは毎週＿＿＿＿＿＿＿＿＿＿に電車に乗ります。

| 土曜日　　日曜日　　月曜日 |

❸

だれが	する（です）	だれ・なに	どこ	いつ

(40点)

➡ 答えは110ページ！

いつ〜する？② おさらい

点数	／100点

下の___に当てはまる単語を[____]から選んで書こう。そのあと、「意味順」ボックスの中に英語を書いて文を完成させよう！

🎧47

1. こうじはこの8月にアメリカに留学します。かれはいつ英語を勉強しますか？

❶かれはこの_____に英語を学びます。

春休み	夏休み	冬休み

❶

だれが	する（です）	だれ・なに	どこ	いつ

(30点)

2. しほはこの3月に歌の発表会があります。かのじょはいつ歌を歌いますか？

❷かのじょはこの_____に歌を歌います。

春休み	夏休み	冬休み

❷

だれが	する（です）	だれ・なに	どこ	いつ

(30点)

3. ❸あなたのお父さんは_____リラックスしますか？

わたしのお父さんは冬休みにリラックスします。

いつ	どこで	なぜ

❸

たまてばこ	だれが	する（です）	だれ・なに	どこ	いつ
				🌙	

(40点)

➡ 答えは110ページ！

いつ〜する？③ おさらい

下の___に当てはまる単語を▢から選んで書こう。そのあと、「意味順」ボックスの中に英語を書いて文を完成させよう！

🎧48

1. すみれは毎年春休みにおおさかに旅行します。かのじょはいつおおさかに行きますか？

❶かのじょは_____におおさかに行きます。

3月	5月	7月

❶

だれが	する（です）	だれ・なに	どこ	いつ

(30点)

2. かよは毎年夏休みにプールに行きます。かよはいつプールで泳ぎますか？

❷かよは_____にプールで泳ぎます。

6月	8月	10月

❷

だれが	する（です）	だれ・なに	どこ	いつ

(30点)

3. ちはるは毎年お正月に着物を着ます。かのじょはいつ着物を着ますか？

❸かのじょは_____に着物を着ます。

11月	12月	1月

❸

だれが	する（です）	だれ・なに	どこ	いつ

(40点)

➡答えは111ページ！

Whatを使ってしつもんする②

レッスン①

食べ物 What food do you ～?

「なんの食べ物を～しますか?」としつもんして、答える練習をしよう!

ステップ1

🎧49

★ 下の絵と同じ番号の英語の単語を、なぞって覚えよう!

① donuts
（ドーナツ）

② yogurt
（ヨーグルト）

③ toast
（トースト）

④ pineapple
（パイナップル：パイナポー）

⑤ cherry
（サクランボ：チェリー）

⑥ watermelon ★★
（スイカ：ウォーターメロン）

⑦ tea
（お茶：ティー）

⑧ coffee
（コーヒー：コーフィ）

⑨ sandwich
（サンドイッチ）

⑩ vegetable ★★
（野菜：ヴェジタボー）

⑪ fruit
（フルーツ）

⑫ drink ★★
（飲み物：ドゥリンク）

⑬ food
（食べ物：フードゥ）

⑭ buy ★
（買う：バイ）

⑮ order
（注もんする：オーダー）

ステップ2

英語のルール

| あなた(かれら)は なんの食べ物を ~しますか？ | ＝ | What food do you (they) (動詞)~？ |
| かれ(かのじょ)は なんの食べ物を ~しますか？ | ＝ | What food does he (she) (動詞)~？ |

★「意味順」ボックスに日本語を当てはめたよ。絵と日本語を参考にしながら
英語を書いてみよう！　🎧50

❶

たまてばこ	だれが	する（です）	だれ・なに	どこ	いつ
なんの食べ物が~ですか？	あなたは	すき		🌙	
What food do	you	like?			

だれが	する（です）	だれ・なに	どこ	いつ
わたしは	すきです。	ドーナツが	🌙	
I	like	donuts.		

❷

たまてばこ	だれが	する（です）	だれ・なに	どこ	いつ
なんの食べ物を~しますか？	かのじょは	食べる			朝
What food does	she	eat			in the morning?

だれが	する（です）	だれ・なに	どこ	いつ
かのじょは	食べます。	ヨーグルトを		朝
She	eats	yogurt		in the morning.

65

ステップ3

🎧51

★文に関係する絵の番号を（　　）の中に書きこもう。そのあとに、
「意味順」ボックスのあいているところの英語をうめよう！

①
in winter

②
at the restaurant

③
want

④
buy

たまてばこ	だれが	する (です)	だれ・なに	どこ	いつ
なんの飲み物が〜ですか?	あなたは	すき			冬に
What drink do	you	like			in winter?

（　　　　）

たまてばこ	だれが	する (です)	だれ・なに	どこ	いつ
なんの果物を〜しますか?	かれらは	買う		🌙	

（　　　　）

たまてばこ	だれが	する (です)	だれ・なに	どこ	いつ
なんの野菜を〜しますか?	かのじょは	食べる		レストランで	

（　　　　）

たまてばこ	だれが	する (です)	だれ・なに	どこ	いつ
なんの食べ物が〜ですか?	ひろしは	ほしい			今日

（　　　　）

★食べ物を食べたり作ったりしているよ。下の絵から単語を選び、文を完成させよう！

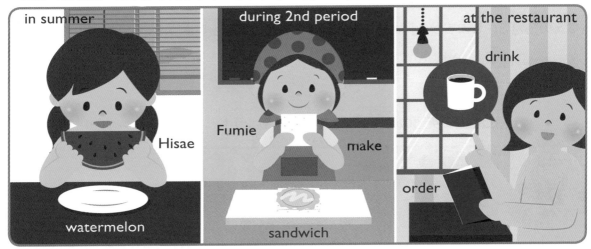

❶ ひさえはなんのフルーツがすきですか？

たまてばこ	だれが	する（です）	だれ・なに	どこ	いつ

❷ ひさえは夏に家でスイカを食べます。

だれが	する（です）	だれ・なに	どこ	いつ

❸ ふみえはなんの食べ物を学校で作りますか？

たまてばこ	だれが	する（です）	だれ・なに	どこ	いつ

❹ ふみえは2時間目にサンドイッチを作ります。

だれが	する（です）	だれ・なに	どこ	いつ

サンドイッチを作るのは make だよ。

❺ あなたのお母さんはレストランでなんの飲み物を注もんしますか？

たまてばこ	だれが	する（です）	だれ・なに	どこ	いつ

レッスン②

動物

What animal do you 〜?

「なんの動物を〜しますか？」としつもんして、答える練習をしよう！

ステップ1

🎧53

★下の絵と同じ番号の英語の単語を、なぞって覚えよう！

❶ horse
（ウマ：ホース）

❷ sheep
（ヒツジ：シープ）

❸ camel
（ラクダ：キャメル）

❹ duck
（アヒル：ダック）

❺ deer
（シカ：ディア）

❻ bear
（クマ：ベア）

❼ fox
（キツネ：フォックス）

❽ pelican
（ペリカン）

❾ owl
（フクロウ：アウル）

❿ dove
（ハト：ダヴ）

⓫ cat
（ネコ：キャッ）

⓬ dog
（イヌ：ドッグ）

⓭ rabbit
（ウサギ：ラビット）

⓮ hedgehog
（ハリネズミ：ヘッジハッグ）

⓯ raise
（かう：レイズ）

英語のルール

| あなた（かれら）は | なんの動物を | ～しますか？ | ＝ | What animal do | you (they) | （動詞）～？ |

| かれ（かのじょ）は | なんの動物を | ～しますか？ | ＝ | What animal does | he (she) | （動詞）～？ |

★「意味順」ボックスに日本語を当てはめたよ。絵と日本語を参考にしながら英語を書いてみよう！　🎧54

❶

たまてばこ	だれが	する（です）	だれ・なに	どこ	いつ
なんの動物が〜ですか？	あなたは	すき		🌙	
What animal do	you	like?			

だれが	する（です）	だれ・なに	どこ	いつ
わたしは	すきです。	キツネが	🌙	
I	like	foxes.		

❷

たまてばこ	だれが	する（です）	だれ・なに	どこ	いつ
なんの動物を〜しますか？	かのじょは	なでる		動物園で	
What animal does	she	pet		at the zoo?	

だれが	する（です）	だれ・なに	どこ	いつ
かのじょは	なでます。	ウマを	動物園で	
She	pets	a horse	at the zoo.	

ステップ3

★文に関係する絵の番号を（　　）の中に書きこもう。そのあとに、
「意味順」ボックスのあいているところの英語をうめよう！

they like

in the mountains

at the pet shop

What animal
does he have

たまてばこ	だれが	する（です）	だれ・なに	どこ	いつ
なんの動物を〜しますか？	かれは	もつ			
What animal does	he	have?			

（　　　　）

たまてばこ	だれが	する（です）	だれ・なに	どこ	いつ
なんの鳥を〜しますか？	かれらは	見る		山の中で	
What bird do					

（　　　　）

たまてばこ	だれが	する（です）	だれ・なに	どこ	いつ
なんの動物が〜ですか？	かれらは	すき			

（　　　　）

たまてばこ	だれが	する（です）	だれ・なに	どこ	いつ
なんの鳥が〜ですか？	ひろしは	ほしい		ペットショップで	
				at the pet shop?	

（　　　　）

★動物といっしょにいるよ。下の絵から単語を選び、文を完成させよう！

❶ けいすけはなんの動物がすきですか？

たまてばこ	だれが	する（です）	だれ・なに	どこ	いつ

❷ けいすけはヒツジがすきです。

だれが	する（です）	だれ・なに	どこ	いつ

❸ にいなとまゆはなんの動物をかっていますか？

たまてばこ	だれが	する（です）	だれ・なに	どこ	いつ

❹ にいなは家でイヌをかっています。

だれが	する（です）	だれ・なに	どこ	いつ

❺ まゆは学校でウサギをかっています。

だれが	する（です）	だれ・なに	どこ	いつ

レッスン③
スポーツ　What sports do you ～?

「なんのスポーツを～しますか？」としつもんして、答える練習をしよう！

ステップ1

★下の絵と同じ番号の英語の単語を、なぞって覚えよう！

❶ table tennis
（卓球：テイブルテニス）

❷ rugby
（ラグビー）

❸ softball
（ソフトボール：ソフボー）

❹ handball
（ハンドボール：ハンボー）

❺ badminton
（バドミントン：バーッミントン）

❻ figure skating
（フィギュアスケート：フィギュアスケイティン）

❼ boxing
（ボクシング：ボクスィン）

❽ fencing
（フェンシング：フェンスィン）

❾ surfing
（サーフィン）

❿ snowboarding
（スノーボード：スノーボーディン）

⓫ Olympics
（オリンピック：オリンピックス）

⓬ practice
（練習する：プラクティス）

⓭ watch
★
（見る：ウォッチ）

⓮ cheer for
（おうえんする：チアフォー）

ステップ2

英語のルール

あなた (かれら) は なんのスポーツを ～しますか？	＝	What sports do you (they) (動詞) ～?
かれ (かのじょ) は なんのスポーツを ～しますか？	＝	What sports does he (she) (動詞) ～?

★「意味順」ボックスに日本語を当てはめたよ。絵と日本語を参考にしながら
英語を書いてみよう！   58

①

たまてばこ	だれが	する (です)	だれ・なに	どこ	いつ
なんのスポーツを～しますか？	あなたは	する		🌙	
What sports do	you	play?			

だれが	する (です)	だれ・なに	どこ	いつ
わたしは	します。	ソフトボールを	🌙	
	play	softball.		

②

たまてばこ	だれが	する (です)	だれ・なに	どこ	いつ
なんのスポーツを～しますか？	てっぺいは	見る			今日
What sports does	Teppei	watch			today.

だれが	する (です)	だれ・なに	どこ	いつ
てっぺいは	見ます。	ボクシングを	家で	
Teppei	watches	boxing	at home.	

ステップ3 ·

★文に関係する絵の番号を（　）の中に書きこもう。そのあとに、
「意味順」ボックスのあいているところの英語をうめよう！

①
practice
during summer

②
at the gym

③
after school

④
cheer for
at the beach

たまてばこ	だれが	する (です)	だれ・なに	どこ	いつ
なんのスポーツを～しますか?	あなたは	する			ほうか後

（　　　　）

たまてばこ	だれが	する (です)	だれ・なに	どこ	いつ
なんのスポーツを～しますか?	かれらは	見る		体育館の中で	

（　　　　）

たまてばこ	だれが	する (です)	だれ・なに	どこ	いつ
なんのスポーツを～しますか?	ひさえは	おうえんする		ビーチで	
What sports does	Hisae	cheer for		at the beach?	

（　　　　）

たまてばこ	だれが	する (です)	だれ・なに	どこ	いつ
なんのスポーツを～しますか?	みなみは	練習する			夏の間
					during summer?

（　　　　）

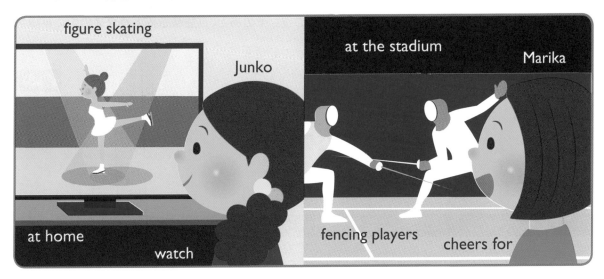

ステップ4

★スポーツを練習したり見たりしているよ。下の絵から単語を選び、文を完成させよう！

🎧60

❶ じゅんこはなんのスポーツを見ますか？

たまてばこ	だれが	する（です）	だれ・なに	どこ	いつ

❷ じゅんこは家でフィギュアスケートを見ます。

だれが	する（です）	だれ・なに	どこ	いつ

❸ まりかはスタジアムでなんのスポーツを見ますか？

たまてばこ	だれが	する（です）	だれ・なに	どこ	いつ

❹ まりかはスタジアムでフェンシングの選手たちをおうえんします。

だれが	する（です）	だれ・なに	どこ	いつ

ステップ3とステップ4の答えは113ページ！

食べ物 おさらい

点数 ／100点

下の___に当てはまる単語を□□□から選んで書こう。そのあと、「意味順」ボックスの中に英語を書いて文を完成させよう！

🎧61

1. ❶みなみとまゆはなんの食べ物を_____か？
かのじょたちは今ばん家でケーキを食べます。

読みます　　教えます　　食べます

❶

たまてばこ	だれが	する（です）	だれ・なに	どこ	いつ

（30点）

2. ❷あなたのお父さんはなんの飲み物を_____か？
わたしのお父さんはカフェでコーヒーを飲みます。

注もんします　　読みます　　教えます

❷

たまてばこ	だれが	する（です）	だれ・なに	どこ	いつ

（30点）

3. あかりはパイナップルが大すきです。
❸かのじょはお店でパイナップルを_____ 。

買います　　見ます　　聞きます

❸

だれが	する（です）	だれ・なに	どこ	いつ

（40点）

➡答えは113ページ！

動物 おさらい

点数	／100点

下の＿＿に当てはまる単語を ☐ から選んで書こう。そのあと、「意味順」ボックスの中に英語を書いて文を完成させよう！

1.　かいはハリネズミがすきです。
　　❶かいはなんの動物をペットショップで＿＿＿＿＿＿＿＿か？

買います　　はらいます　　聞きます

❶

たまてばこ	だれが	する（です）	だれ・なに	どこ	いつ

（30点）

2.　あきことマイクは動物園にいます。
　　❷かれらはなんの動物を＿＿＿＿＿＿＿＿＿＿か？

食べているところです　　　見ているところです　　　聞いているところです

❷

たまてばこ	だれが	する（です）	だれ・なに	どこ	いつ

（30点）

3.　❸かなこはなんの鳥が＿＿＿＿＿＿＿＿か？
　　かなこは動物園でペリカンの写真をたくさんとります。

すきです　　飛びます　　話します

❸

たまてばこ	だれが	する（です）	だれ・なに	どこ	いつ

（40点）

➡ 答えは113ページ！

スポーツ おさらい

点数　　　／100点

下の___に当てはまる単語を▢から選んで書こう。そのあと、「意味順」ボックスの中に英語を書いて文を完成させよう！

🎧63

1. ゆきとゆかはチアリーダーです。

❶かのじょたちはオリンピックの間なんのサッカーチームを＿＿＿＿＿＿＿＿＿＿か？

おうえんします　　食べます　　買います

❶

たまてばこ	だれが	する（です）	だれ・なに	どこ	いつ

（30点）

2. あなたのお父さんは野球のチケットを持っています。

❷あなたのお父さんはなんのスポーツを＿＿＿＿＿＿＿か？

教えます　　買います　　見ます

❷

たまてばこ	だれが	する（です）	だれ・なに	どこ	いつ
					🌙

（30点）

3. だいすけはゴールキーパーです。

❸かれはなんのスポーツを＿＿＿＿＿＿＿か？

練習します　　走ります　　買います

❸

たまてばこ	だれが	する（です）	だれ・なに	どこ	いつ
					🌙

（40点）

➡ 答えは114ページ！

Who/How/Whyを使ってみよう

レッスン①

Who

「だれが〜しますか？」としつもんして、答える練習をしよう！

ステップ1

🎧64

★「意味順」ボックスを使った「だれが〜する？」のしつもん文を作ろう！

❶まずは、「わたしはペンをもっています。」という文を作ってみよう！

だれが	する（です）	だれ・なに	どこ	いつ
わたしは	もっています。	ペンを	🌙	
I	have	a pen.		

❷「だれがペンをもっていますか？」と聞きたいときは「だれが」ボックスの単語を Who に変えるよ！

だれが	する（です）	だれ・なに	どこ	いつ
だれが	もっていますか？	ペンを	🌙	
I ➡ Who	have	a pen?		

❸「する（です）」ボックスの動詞を3人称単数にするよ！

だれが	する（です）	だれ・なに	どこ	いつ
だれが	もっていますか？	ペンを	🌙	
Who	have ➡ has	a pen?		

Who has a pen?（だれがペンをもっていますか？）としつもんする文がかんたんに作れたね。
このように「だれが」ボックスの Who は文の最初に来ているよ。
たまてばこを使って Who do I have a pen? にはならないから気をつけよう！

ステップ **2**

英語のルール

> <u>だれが</u> ～ <u>しますか？</u>　＝　<u>Who</u>　（動詞）～？

★「意味順」ボックスに日本語を当てはめたよ。絵と日本語を参考にしながら
英語を書いてみよう！

🎧65

❶

だれが	する（です）	だれ・なに	どこ	いつ
だれが～か？	教える	英語を	教室の中で	今日
Who	teaches	English	in the classroom	today?

だれが	する（です）	だれ・なに	どこ	いつ
わたしは	教えます。	英語を	教室の中で	今日
I	teach	English	in the classroom	today.

❷

だれが	する（です）	だれ・なに	どこ	いつ
だれが～か？	する	サッカーを	公園で	日曜日に
Who	plays	soccer	at the park	on Sundays?

だれが	する（です）	だれ・なに	どこ	いつ
わたしたちは	します。	サッカーを	公園で	日曜日に
We	play	soccer	at the park	on Sundays.

ステップ**3**

🎧66

★文に関係する絵の番号を（　）の中に書きこもう。そのあとに、
「意味順」ボックスのあいているところの英語をうめよう！

①
cooks lunch

②
to the museum

③
takes a train

④
buys fruits

だれが	する（です）	だれ・なに	どこ	いつ
だれが〜か？	作る	ランチを	家で	土曜日に

（　　　）

だれが	する（です）	だれ・なに	どこ	いつ
だれが〜か？	乗る	電車に	東京行き	
Who	takes	a train	to Tokyo?	

（　　　）

だれが	する（です）	だれ・なに	どこ	いつ
だれが〜か？	買う	フルーツを	お店で	毎日
			at the store	

（　　　）

だれが	する（です）	だれ・なに	どこ	いつ
だれが〜か？	運転する	車を	ミュージアムへ	週末に
	drives			on weekends?

（　　　）

★だれがなにをするのかな。下の絵から単語を選び、文を完成させよう！

❶ だれがキッチンの中で料理をしますか？

だれが	する (です)	だれ・なに	どこ	いつ

❷ 今日はトムが朝食を作ります。

だれが	する (です)	だれ・なに	どこ	いつ

❸ だれが日曜日に車を洗いますか？

だれが	する (です)	だれ・なに	どこ	いつ

❹ マイクとみかが午前10時に車を洗います。

だれが	する (です)	だれ・なに	どこ	いつ

レッスン②

How

勉強した日　　　月　　　日

「どのように〜しますか？」としつもんして、答える練習をしよう！

ステップ1

🎧68

★下の絵と同じ番号の英語の単語を、なぞって覚えよう！

by bus
（バスで）

with my brother
（兄といっしょに）

❶ by
（〜で：バイ）

❷ with
（〜といっしょに：ウィズ）

❸ slowly
（ゆっくりと：スロウリー）

❹ carefully
（気をつけて：ケアフリー）

❺ loudly
（(声を)大きく：ラウドゥリー）

❻ quietly
（(声を)小さく：クワイエットゥリー）

❼ softly
（そっと、やさしく：ソフトゥリー）

❽ kindly
（親切に：カインドゥリー）

❾ clearly
（きれいに：クリアリー）

❿ properly
（きちんと：プロパリー）

⓫ beautifully
（美しく：ビューティフリー）

これらの単語は「どのように」ボックスにいれよう！

だれが	する（です）	だれ・なに	どこ	いつ	どのように

英語のルール

| あなた (かれら) は | どのように | ～しますか？ | ＝ | How do | you (they) | (動詞)～？ |
| かれ (かのじょ) は | どのように | ～しますか？ | ＝ | How does | he (she) | (動詞)～？ |

★「意味順」ボックスに日本語を当てはめたよ。絵と日本語を参考にしながら
英語を書いてみよう！　　🎧69

①

たまてばこ	だれが	する (です)	だれ・なに	どこ	いつ
どのように～しますか？	あなたは	行く		図書館へ	
How do	you	go		to the library?	

だれが	する (です)	だれ・なに	どこ	どのように
わたしは	行きます。		図書館へ	バスで
I	go		to the library	by bus.

②

たまてばこ	だれが	する (です)	だれ・なに	どこ	いつ
どのように～しますか？	あなたは	する	サッカーを	学校で	
How do	you	play	soccer	at school?	

だれが	する (です)	だれ・なに	どこ	いつ	どのように
わたしは	します。	サッカーを	学校で		友達といっしょに
I	play	soccer	at school		with friends.

ステップ**3**

🎧70

★文に関係する絵の番号を（　　）の中に書きこもう。そのあとに、
「意味順」ボックスのあいているところの英語をうめよう！

①
sing a song

②
How do they come from Osaka?

③
by train

④
loudly

たまてばこ	だれが	する (です)	だれ・なに	どこ	いつ
どのように～しますか？	かれらは	来る		おおさかから	
How do	they	come		from Osaka?	

（　　　　　）

だれが	する (です)	だれ・なに	どこ	どのように
かれらは	来ます。		おおさかから	電車で

（　　　　　）

たまてばこ	だれが	する (です)	だれ・なに	どこ	いつ
どのように～しますか？	かのじょは	歌う	歌を		🌙

（　　　　　）

だれが	する (です)	だれ・なに	どこ	どのように
かのじょらは	歌います。	歌を		(声を)大きく

（　　　　　）

★なにをどのようにするのかな。下の絵から単語を選び、文を完成させよう！

❶ ゆうたはどのように図書館へ行きますか？

たまてばこ	だれが	する（です）	だれ・なに	どこ	いつ

❷ ゆうたは自転車で図書館へ行きます。

だれが	する（です）	だれ・なに	どこ	いつ	どのように

❸ ともこはどのようにダンスをおどりますか？

たまてばこ	だれが	する（です）	だれ・なに	どこ	いつ

❹ ともこはステージの上で友達といっしょにダンスをおどります。

だれが	する（です）	だれ・なに	どこ	いつ	どのように

レッスン③

Why

「なぜ～しますか？」としつもんして、答える練習をしよう！

ステップ1

🎧72

★ Why?「なぜ～する？」のしつもんの答えは because「なぜなら」を使おう！
「なぜなら～です」と文を続けたいときは because をたまてばこに入れて
「意味順」ボックスをもう一度使おう。

> because の文が後にくるときは
> ピリオドはいらないよ

❶かんたんな文を作ってみよう！
はるきは今日ケーキを食べます。なぜなら今日はかれのたんじょう日です。

だれが	する (です)	だれ・なに	どこ	いつ
はるきは	食べます。	ケーキを		
Haruki	eats	cake		

❷なぜなら (because) は「たまてばこ」に入れよう！

たまてばこ	だれが	する (です)	だれ・なに	どこ	いつ
なぜなら		です。	かれのたんじょう日		今日
because	it	is	his birthday		today.

ステップ2

英語のルール

あなた（かれら）は なぜ 〜しますか？ ＝ <u>Why do</u> <u>you (they)</u> <u>(動詞)</u>〜？

かれ（かのじょ）は なぜ 〜しますか？ ＝ <u>Why does</u> <u>he (she)</u> <u>(動詞)</u>〜？

★「意味順」ボックスに日本語を当てはめたよ。絵と日本語を参考にしながら
英語を書いてみよう！　　　　　🎧73

①

たまてばこ	だれが	する（です）	だれ・なに	どこ	いつ
なぜ〜しますか？	あなたは	勉強する	英語を		
Why do	you	study	English?		

だれが	する（です）	だれ・なに	どこ	いつ
わたしは	勉強する	英語を		
I	study	English		

たまてばこ	だれが	する（です）	だれ・なに	どこ	いつ
なぜなら	わたしは	あります。	テストが		
because	I	have	a test.		

②

たまてばこ	だれが	する（です）	だれ・なに	どこ	いつ	どのように
なぜ〜しますか？	かれらは	する	バスケットボールを	ジムで		クラスメイトと
Why do	they	play	basketball	in the gym		with classmates?

だれが	する（です）	だれ・なに	どこ	いつ	どのように
かれらは	する	バスケットボールを	ジムで		クラスメイトと
They	play	basketball	in the gym		with classmates

たまてばこ	だれが	する（です）	だれ・なに	どこ	いつ
なぜなら		です。	雨		今日
because	it	is	raining		today.

ステップ 3 🐨🐨🐨 🐬 ∩74

★文に関係する絵の番号を（　　　）の中に書きこもう。そのあとに、
「意味順」ボックスのあいているところの英語をうめよう！

①
go to
Yokohama

②
buy fruit

③
walk to school

④
eat pasta

たまてばこ	だれが	する (です)	だれ・なに	どこ	いつ
なぜ～しますか?	かれらは	食べる	パスタを	レストランで	

（　　　）

たまてばこ	だれが	する(です)	だれ・なに	どこ	いつ	どのように
なぜ～しますか?	わたしのお父さんは	行く		横浜へ		車で

（　　　）

たまてばこ	だれが	する (です)	だれ・なに	どこ	いつ
なぜ～しますか?	わたしのお母さんは	買う	フルーツを	店で	
Why does	my mother	buy	fruit	at the store?	

（　　　）

たまてばこ	だれが	する (です)	だれ・なに	どこ	どのように
なぜ～しますか?	かれらは	歩く		学校へ	ゆっくりと
					slowly?

（　　　）

ステップ4 🐭🐭🐭🐭🐭

★学習室の中だよ。下の絵から単語を選び、文を完成させよう！

study English　　take an English test

① なぜゆうたは今日、トムといっしょに英語を勉強しますか？

たまてばこ	だれが	する (です)	だれ・なに	どこ	いつ	どのように

② ゆうたは今日、トムといっしょに英語を勉強します。
　なぜならゆうたは英語のテストを受けます。

だれが	する (です)	だれ・なに	どこ	いつ	どのように

たまてばこ	だれが	する (です)	だれ・なに	どこ	いつ

ステップ3とステップ4の答えは116ページ！　91

Who おさらい

点数　　／100点

下の＿＿に当てはまる単語を▢▢▢から選んで書こう。そのあと、「意味順」ボックスの中に英語を書いて文を完成させよう！

🎧76

1. マイクはサッカー選手です。トムはバスケットボール選手です。ヒロは野球選手です。

❶だれがバスケットボールをしますか？

❷＿＿＿＿＿＿＿＿＿＿はバスケットボールをします。

マイク　　トム　　ヒロ

❶

だれが	する (です)	だれ・なに	どこ	いつ

❷

だれが	する (です)	だれ・なに	どこ	いつ

(各25点)

2. わたしのお姉さんはあまい食べ物がすきです。わたしのお母さんはからい食べ物がすきです。わたしのお父さんは苦い飲み物がすきです。❸だれがコーヒーを飲みますか？

❹＿＿＿＿＿＿＿＿＿＿はコーヒーを飲みます。

お姉さん　　お母さん　　お父さん

❸

だれが	する (です)	だれ・なに	どこ	いつ

❹

だれが	する (です)	だれ・なに	どこ	いつ

(各25点)

➡答えは116ページ！

How おさらい

点数　　／100点

下の＿＿に当てはまる単語を □□□ から選んで書こう。そのあと、「意味順」ボックスの中に英語を書いて文を完成させよう！

1.　ゆきは毎日自転車を使います。ゆうこは毎日車を運転します。けんたは毎日オートバイに乗ります。❶ゆきはどのようにして学校へ行きますか？
　　❷ゆきは学校へ＿＿＿＿＿＿＿＿で行きます。

自転車　　車　　オートバイ

❶

たまてばこ	だれが	する（です）	だれ・なに	どこ	いつ

❷

だれが	する（です）	だれ・なに	どこ	いつ	どのように

（各25点）

2.　ひさえは毎日図書館で勉強します。❸ひさえはどのように図書館で勉強しますか？
　　❹かのじょは図書館で＿＿＿＿＿＿＿＿教科書を読みます。

うるさく　　親切に　　しずかに

❸

たまてばこ	だれが	する（です）	だれ・なに	どこ	いつ

❹

だれが	する（です）	だれ・なに	どこ	いつ	どのように

（各25点）

➡ 答えは116ページ！

93

Why おさらい

点数　／100点

下の＿＿に当てはまる単語を□から選んで書こう。そのあと、「意味順」ボックスの中に英語を書いて文を完成させよう！

1. ❶なぜひろしはお店で野菜を買いますか？　❷かれはお店で野菜を買います。

❸なぜならひろしはかれのお母さんといっしょに夕飯を＿＿＿＿＿＿＿＿＿＿。　🎧78

見ます　　買います　　作ります

❶

たまてばこ	だれが	する（です）	だれ・なに	どこ	いつ

(20点)

❷

だれが	する（です）	だれ・なに	どこ	いつ

(15点)

❸

たまてばこ	だれが	する（です）	だれ・なに	どこ	いつ	どのように

(15点)

2. ❹なぜかのじょたちは英語を学びますか？　❺かのじょたちは毎日家で英語を学びます。

❻なぜならかのじょたちは英語が＿＿＿＿＿＿＿＿＿＿。

すきです　　きらいです　　食べます

❹

たまてばこ	だれが	する（です）	だれ・なに	どこ	いつ

(20点)

❺

だれが	する（です）	だれ・なに	どこ	いつ

(15点)

❻

たまてばこ	だれが	する（です）	だれ・なに	どこ	いつ

(15点)

➡ 答えは117ページ！

be動詞を使ったしつもん文をおさらいしよう

これまで学んだしつもん文の What や When や Where の
しくみをかくにんしよう!

Whereのおさらい

❶be動詞の疑問文は be動詞をいどうさせよう!
一般動詞のときは Do や Does を使おう!

かのじょはどこですか?

たまてばこ	だれが	する（です）	だれ・なに	どこ	いつ
どこ〜ですか？ Where is	かのじょは she?			🌙	

Whatのおさらい

❷〜しているところ（現在進行形）のときも同じようにbe動詞をいどうさせます。

かれはなにを勉強しているところですか?

たまてばこ	だれが	する（です）	だれ・なに	どこ	いつ
なに〜ですか？ What is	かれは he	勉強しているところ studying?		🌙	

Whenのおさらい

❸When も同じように be動詞をいどうさせます。

かれのたん生日はいつですか?

たまてばこ	だれが	する（です）	だれ・なに	どこ	いつ
いつ〜ですか？ When is	かれのたん生日は his birthday?				🌙

まとめのテスト①

点数　　／100点

★ここまでよくがんばったね！　今まで習ったことを思い出して、最後の問題にチャレンジだ。わからないときは前のページを見ても OK！　君ならできる！

🎧79

1. ❶ひろしは朝に、なにをしますか？
　　❷かれは午前10時から公園でサッカーをします。

❶ たまてばこ	だれが	する (です)	だれ・なに	どこ	いつ

❷ だれが	する (です)	だれ・なに	どこ	いつ

(25点)

2. ❶生徒たちは1時間目になにがひつようですか？
　　❷かれらは英語の教科書がひつようです。

❶ たまてばこ	だれが	する (です)	だれ・なに	どこ	いつ

❷ だれが	する (です)	だれ・なに	どこ	いつ

(25点)

3. ❶ともこは夏にどこに行きますか？
　　❷かのじょは8月にアメリカに行きます。

❶
たまてばこ	だれが	する (です)	だれ・なに	どこ	いつ

❷
だれが	する (です)	だれ・なに	どこ	いつ

(25点)

4. ❶マイクは毎週火よう日にどこで夕食を食べますか？
　　❷かれはレストランで夕食を食べます。
　　❸かれはなにを食べますか？
　　❹かれはレストランでピザを食べます。

❶
たまてばこ	だれが	する (です)	だれ・なに	どこ	いつ

❷
だれが	する (です)	だれ・なに	どこ	いつ

❸
たまてばこ	だれが	する (です)	だれ・なに	どこ	いつ

❹
だれが	する (です)	だれ・なに	どこ	いつ

(25点)

まとめのテスト②

★ここまでよくがんばったね！　今まで習ったことを思い出して、最後の問題にチャレンジだ。わからないときは前のページを見ても OK！　君ならできる！

🎧80

1. ❶メグはいつ歌を歌いますか？
　　 ❷かのじょは文化の日に歌を歌います。

❶	たまてばこ	だれが	する（です）	だれ・なに	どこ	いつ

❷	だれが	する（です）	だれ・なに	どこ	いつ

（20点）

2. ❶なつかとゆりこはいつ料理をしますか？
　　 ❷なつかは日曜日にカレーを作ります。
　　 ❸ゆりこはキッチンの中でお米をたきます。
　　 ❹かのじょたちは6時に夕ごはんを食べます。

❶	たまてばこ	だれが	する（です）	だれ・なに	どこ	いつ

❷	だれが	する（です）	だれ・なに	どこ	いつ

❸	だれが	する（です）	だれ・なに	どこ	いつ

❹	だれが	する（です）	だれ・なに	どこ	いつ

（20点）

⮕ 答えは 118 ページ！

3. ❶ゆみはなんの食べ物をカフェでたのみますか？
❷かのじょは土曜日にサンドイッチを食べます。

❶	たまてばこ	だれが	する（です）	だれ・なに	どこ	いつ

❷	だれが	する（です）	だれ・なに	どこ	いつ

（20点）

4. ❶だいすけはなんの動物をペットショップで買いますか？
❷かれはネコを買います。

❶	たまてばこ	だれが	する（です）	だれ・なに	どこ	いつ

❷	だれが	する（です）	だれ・なに	どこ	いつ

（20点）

5. ❶りゅうじは夏の間になんのスポーツをしますか？
❷かれはジムでバドミントンを練習します。

❶	たまてばこ	だれが	する（です）	だれ・なに	どこ	いつ

❷	だれが	する（です）	だれ・なに	どこ	いつ

（20点）

まとめのテスト③

★ここまでよくがんばったね！　今まで習ったことを思い出して、最後の問題にチャレンジだ。わからないときは前のページを見ても OK！　君ならできる！

🎧81

1. ❶だれが沖なわに行きますか？
　❷なみえとしほは飛行機で沖なわに行きます。

❶ だれが	する（です）	だれ・なに	どこ	いつ

❷ だれが	する（です）	だれ・なに	どこ	いつ	どのように

(30点)

2. ❶だれが夕食を作りますか？
　❷ひさえはかのじょのお姉さんといっしょに夕食を作ります。

❶ だれが	する（です）	だれ・なに	どこ	いつ

❷ だれが	する（です）	だれ・なに	どこ	いつ	どのように

(30点)

➡ 答えは 119 ページ！

3. ❶あきらはどのように学校へ行きますか？
　　❷かれはバスで学校に行きます。
　　❸なぜなら今日は雨です。

❶
たまてばこ	だれが	する（です）	だれ・なに	どこ	いつ

❷
だれが	する（です）	だれ・なに	どこ	いつ	どのように

❸
たまてばこ	だれが	する（です）	だれ・なに	どこ	いつ

（40点）

答え

●12、13ページ

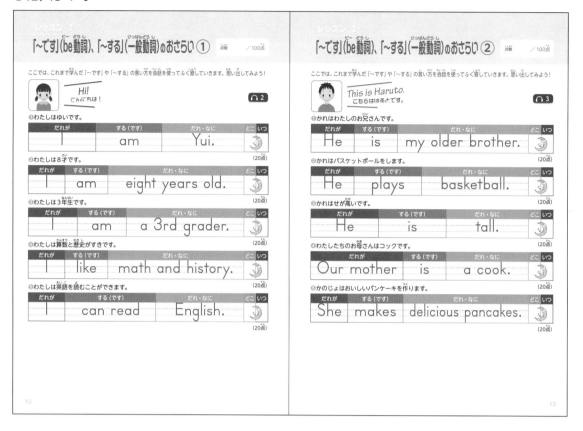

●14、15ページ

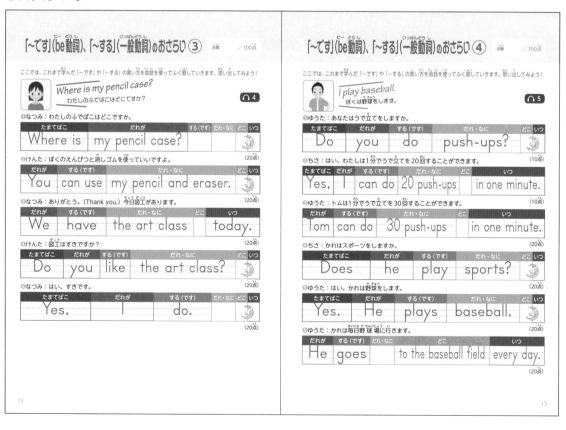

● 16、17ページ

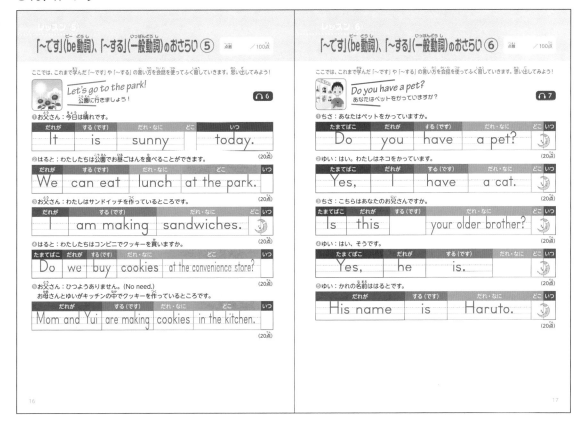

レッスン5

「〜です」(be動詞)、「〜する」(一般動詞)のおさらい ⑤ 点数 ／100点

ここでは、これまで学んだ「〜です」や「〜する」の言い方を会話を使ってふく習していきます。思い出してみよう！

Let's go to the park!
公園に行きましょう！　🎵6

❶お父さん：今日は晴れです。

だれが	する(です)	だれ・なに	どこ	いつ
It	is	sunny		today.

(20点)

❷はると：わたしたちは公園でお昼ごはんを食べることができます。

だれが	する(です)	だれ・なに	どこ	いつ
We	can eat	lunch	at the park.	

(20点)

❸お父さん：わたしはサンドイッチを作っているところです。

だれが	する(です)	だれ・なに	どこ	いつ
I	am making	sandwiches.	🌙	

(20点)

❹はると：わたしたちはコンビニでクッキーを買いますか。

たまてばこ	だれが	する(です)	だれ・なに	どこ
Do	we	buy	cookies	at the convenience store?

(20点)

❺お父さん：ひつようありません。(No need.)
お母さんとゆいがキッチンの中でクッキーを作っているところです。

だれが	する(です)	だれ・なに	どこ	いつ
Mom and Yui	are making	cookies	in the kitchen.	

(20点)

レッスン6

「〜です」(be動詞)、「〜する」(一般動詞)のおさらい ⑥ 点数 ／100点

ここでは、これまで学んだ「〜です」や「〜する」の言い方を会話を使ってふく習していきます。思い出してみよう！

Do you have a pet?
あなたはペットをかっていますか？　🎵7

❶ちさ：あなたはペットをかっていますか。

たまてばこ	だれが	する(です)	だれ・なに	どこ いつ
Do	you	have	a pet?	🌙

(20点)

❷ゆい：はい。わたしはネコをかっています。

たまてばこ	だれが	する(です)	だれ・なに	どこ いつ
Yes,	I	have	a cat.	🌙

(20点)

❸ちさ：こちらはあなたのお兄さんですか。

たまてばこ	だれが	する(です)	だれ・なに	どこ いつ
Is	this		your older brother?	🌙

(20点)

❹ゆい：はい、そうです。

たまてばこ	だれが	する(です)	だれ・なに	どこ いつ
Yes,	he	is.		🌙

(20点)

❺ゆい：かれの名前ははるとです。

だれが	する(です)	だれ・なに	どこ いつ
His name	is	Haruto.	🌙

(20点)

● 18ページ

レッスン7

「〜です」(be動詞)、「〜する」(一般動詞)のおさらい ⑦ 点数 ／100点

ここでは、これまで学んだ「〜です」や「〜する」の言い方を会話を使ってふく習していきます。思い出してみよう！

Let's make curry today!
今日はカレーを作りましょう！　🎵8

❶はると：ぼくはカレーが大すきです！

だれが	する(です)	だれ・なに	どこ いつ
I	love	curry!	🌙

(20点)

❷お父さん：あなたたちはじゃがいもとにんじんをむきます。

だれが	する(です)	だれ・なに	どこ いつ
You	peel	the potatoes and carrots.	🌙

(20点)

❸ゆい：わたしたちは牛肉を切りますか。

たまてばこ	だれが	する(です)	だれ・なに	どこ いつ
Do	we	cut	the beef?	🌙

(20点)

❹お父さん：はい、お願いします。

たまてばこ	だれが	する(です)	だれ・なに	どこ いつ
Yes, please.				🌙

(20点)

❺お父さん：牛肉は買い物ぶくろの中にあります。

だれが	する(です)	だれ・なに	どこ	いつ
The beef	is		in the shopping bag.	

(20点)

●22、23ページ

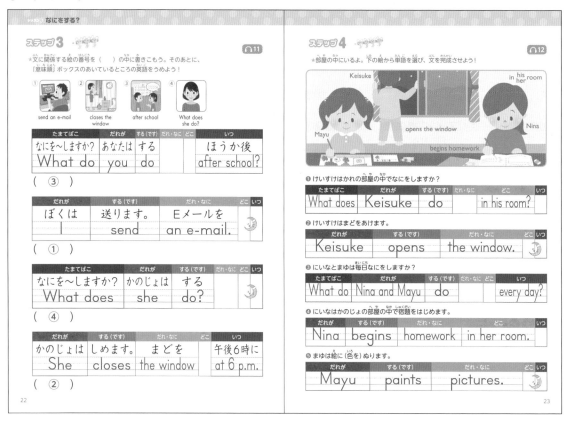

●26、27ページ

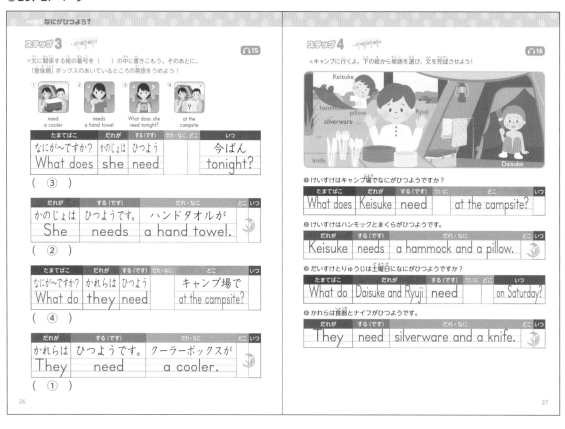

● 28、29ページ

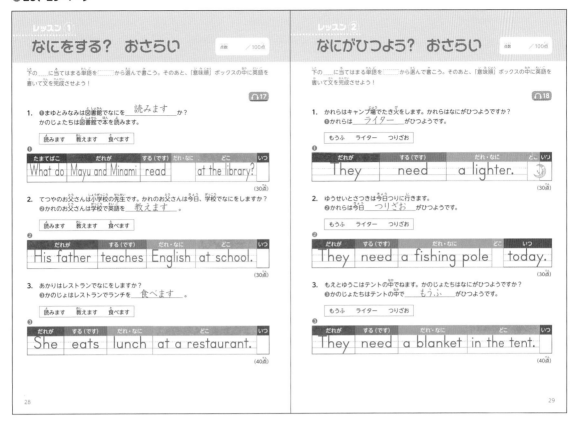

レッスン 1

なにをする？ おさらい

点数 ／100点

下の___に当てはまる単語を[____]から選んで書こう。そのあと、[意味順] ボックスの中に英語を書いて文を完成させよう！

🎧17

1. ❶まゆとみなみは図書館でなにを __読みます__ か？
   かのじょたちは図書館で本を読みます。

   [読みます　教えます　食べます]

❶ たまてばこ	だれが	する (です)	だれ・なに	どこ	いつ
What do	Mayu and Minami	read		at the library?	

2. てつやのお父さんは小学校の先生です。かれのお父さんは今日、学校でなにをしますか？
   ❷かれのお父さんは学校で英語を __教えます__ 。

   [読みます　教えます　食べます]

❷ だれが	する (です)	だれ・なに	どこ	いつ
His father	teaches	English	at school.	

(30点)

3. あかりはレストランでなにをしますか？
   ❸かのじょはレストランでランチを __食べます__ 。

   [読みます　教えます　食べます]

❸ だれが	する (です)	だれ・なに	どこ	いつ
She	eats	lunch	at a restaurant.	

(40点)

28

レッスン 2

なにがひつよう？ おさらい

点数 ／100点

下の___に当てはまる単語を[____]から選んで書こう。そのあと、[意味順] ボックスの中に英語を書いて文を完成させよう！

🎧18

1. かれらはキャンプ場でたき火をします。かれらはなにがひつようですか？
   ❶かれらは __ライター__ がひつようです。

   [もうふ　ライター　つりざお]

❶ だれが	する (です)	だれ・なに	どこ	いつ
They	need	a lighter.		

(30点)

2. ゆうせいとさつきは今日つりに行きます。
   ❷かれらは今日 __つりざお__ がひつようです。

   [もうふ　ライター　つりざお]

❷ だれが	する (です)	だれ・なに	どこ	いつ
They	need	a fishing pole		today.

(30点)

3. もえとゆうこはテントの中でねます。かのじょたちはなにがひつようですか？
   ❸かのじょたちはテントの中で __もうふ__ がひつようです。

   [もうふ　ライター　つりざお]

❸ だれが	する (です)	だれ・なに	どこ	いつ
They	need	a blanket	in the tent.	

(40点)

29

答え

● 34、35ページ

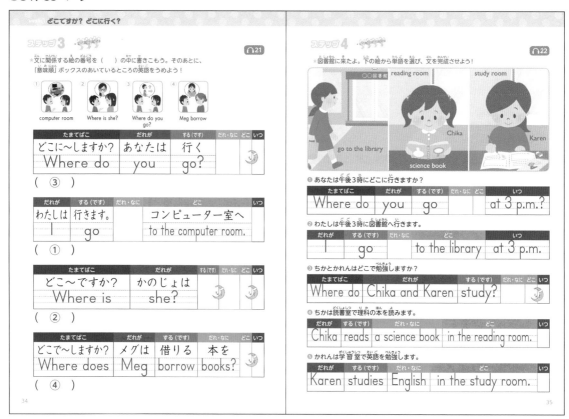

● 38、39ページ

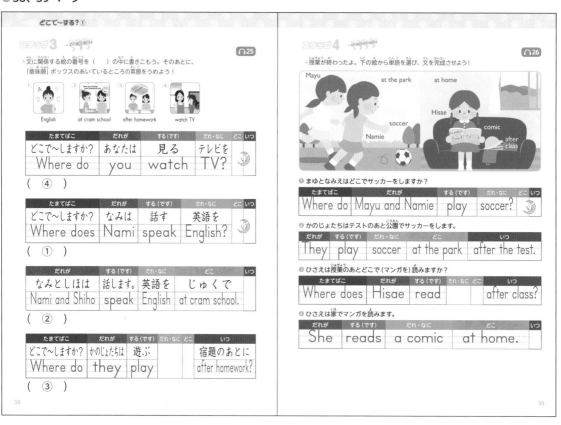

●42、43ページ

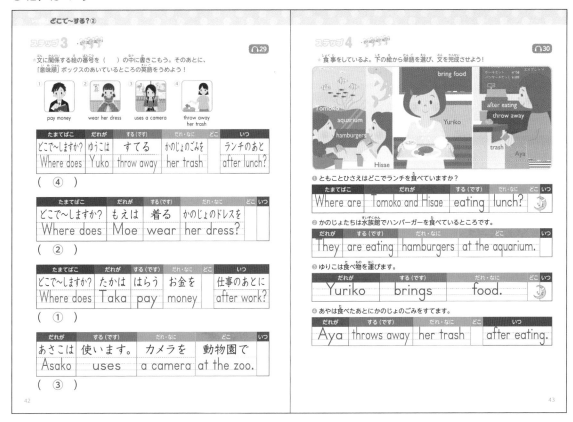

●44、45ページ

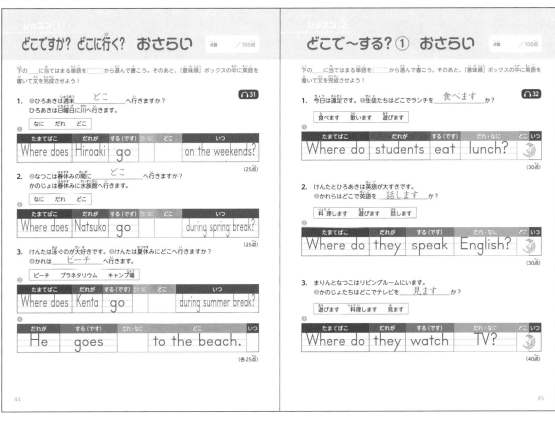

答え

●46ページ

レッスン③

どこで〜する？② おさらい

点数 ／100点

下の＿＿に当てはまる単語を□□□から選んで書こう。そのあと、［意味順］ボックスの中に英語を書いて文を完成させよう！

1. やよいは服が大すきです。　　　　　　　　🎧33
   ●やよいはどこで服を＿＿買います＿＿か？

   買います　はらいます　使います

   ❶

たまてばこ	だれが	する（です）	だれ・なに	どこ いつ
Where does	Yayoi	buy	clothes?	🌙

   (25点)

2. りさこはケーキ屋さんではたらいています。
   ❷かのじょはどこでケーキを＿焼いています＿か？

   読んでいます　焼いています　走っています

   ❷

たまてばこ	だれが	する（です）	だれ・なに	どこ いつ
Where is	she	baking	cakes?	🌙

   (25点)

3. ハリーとかれのお父さんはショッピングモールに来ました。
   ❸ハリーは新しいくつを買います。❹かれのお父さんはどこでお金を＿はらいます＿か？

   買います　はらいます　見ます

   ❸

だれが	する（です）	だれ・なに	どこ いつ
Harry	buys	new shoes.	🌙

   ❹

たまてばこ	だれが	する（です）	だれ・なに	どこ いつ
Where does	his father	pay	money?	🌙

   (各25点)

46

●50、51ページ

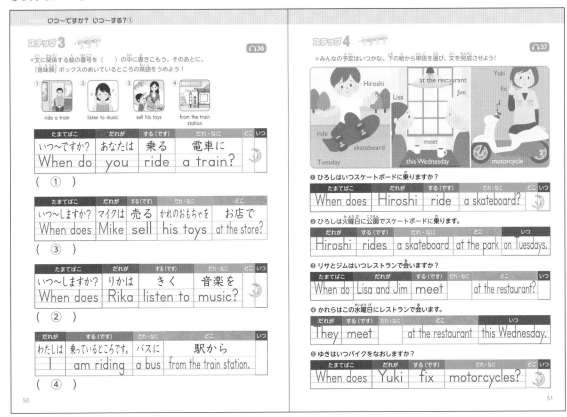

●54、55ページ

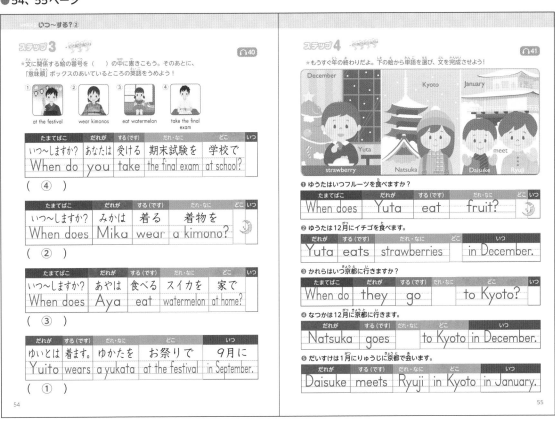

答え

● 58、59ページ

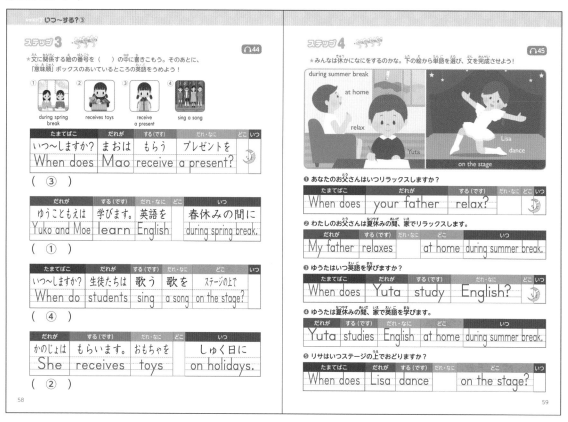

● 60、61ページ

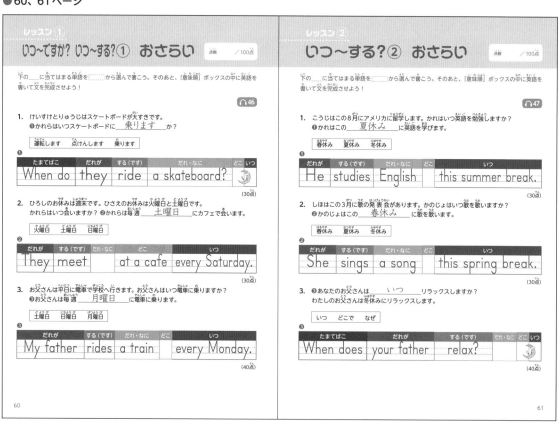

110

● 62ページ

レッスン ③

いつ〜する？③ おさらい

点数 ／100点

下の___に当てはまる単語を[___]から選んで書こう。そのあと、[意味順] ボックスの中に英語を書いて文を完成させよう！

🎧 48

1. すみれは毎年春休みにおおさかに旅行します。かのじょはいつおおさかに行きますか？
   ❶ かのじょは___3月___におおさかに行きます。

   | 3月 | 5月 | 7月 |

   ❶

だれが	する（です）	だれ・なに	どこ	いつ
She	goes		to Osaka	in March.

   (30点)

2. かよは毎年夏休みにプールに行きます。かよはいつプールで泳ぎますか？
   ❷ かよは___8月___にプールで泳ぎます。

   | 6月 | 8月 | 10月 |

   ❷

だれが	する（です）	だれ・なに	どこ	いつ
Kayo	swims		in the pool	in August.

   (30点)

3. ちはるは毎年お正月に着物を着ます。かのじょはいつ着物を着ますか？
   ❸ かのじょは___1月___に着物を着ます。

   | 11月 | 12月 | 1月 |

   ❸

だれが	する（です）	だれ・なに	どこ	いつ
She	wears	a kimono		in January.

   (40点)

62

答え

● 66、67ページ

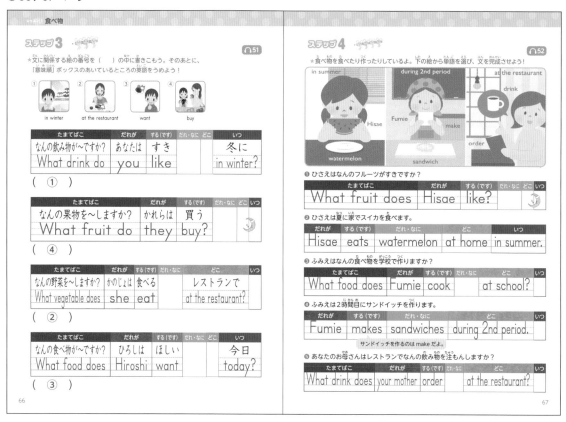

● 70、71ページ

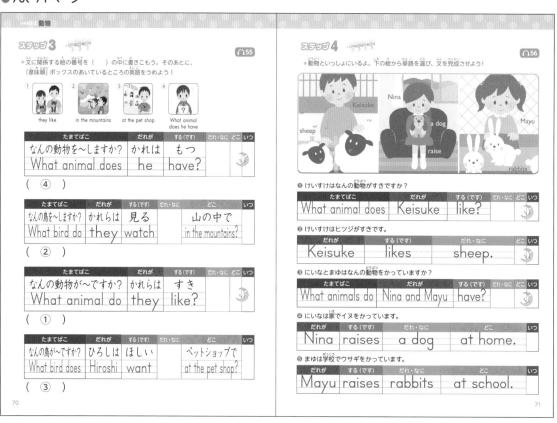

●74、75ページ

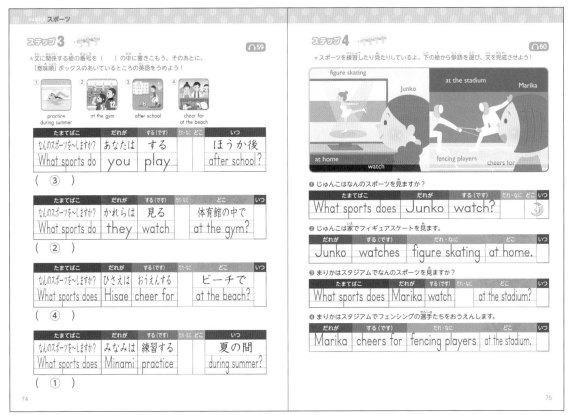

●76、77ページ

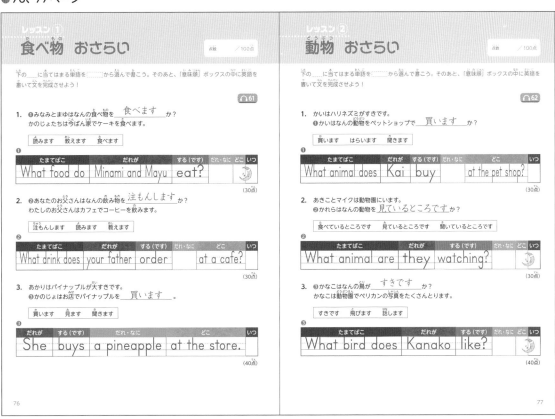

●78ページ

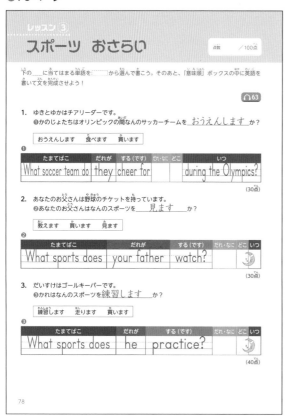

● 82、83ページ

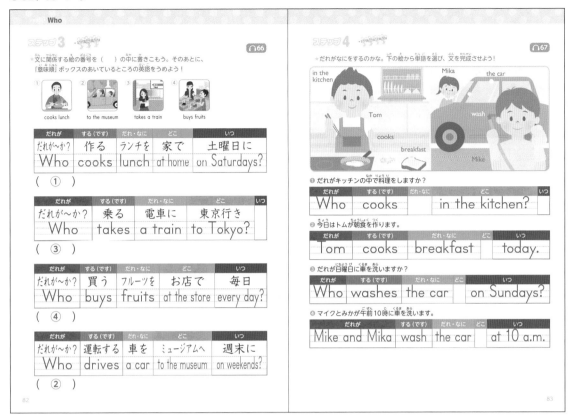

● 86、87ページ

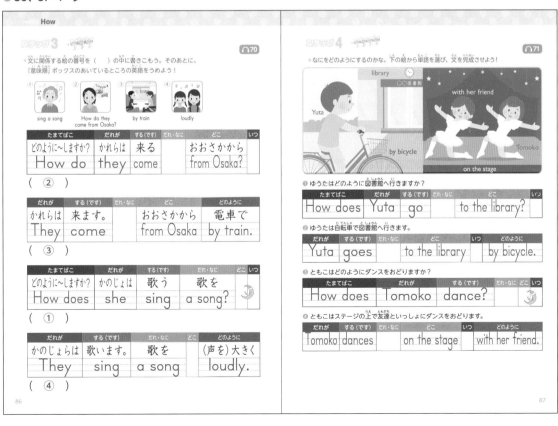

答え

● 90、91ページ

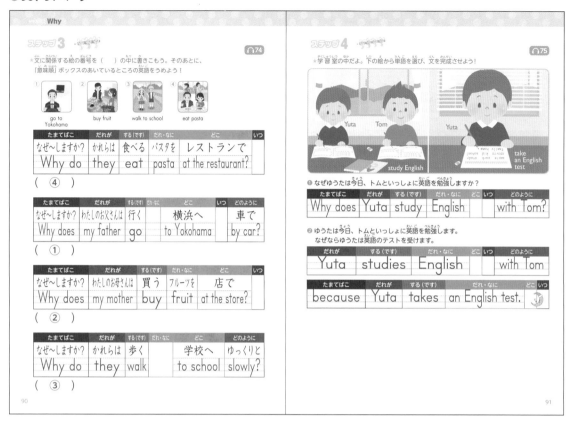

● 92、93ページ

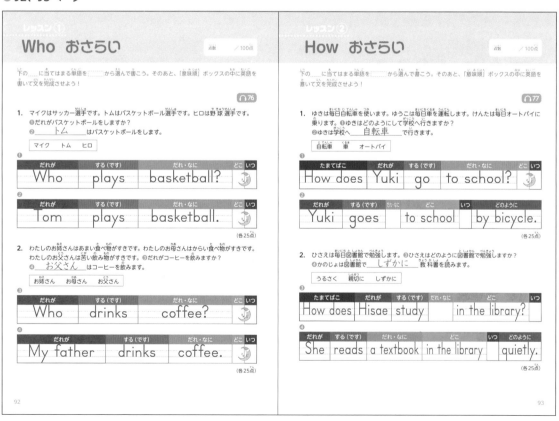

● 94ページ

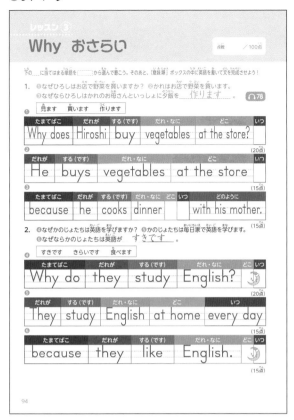

答え

● 96、97ページ

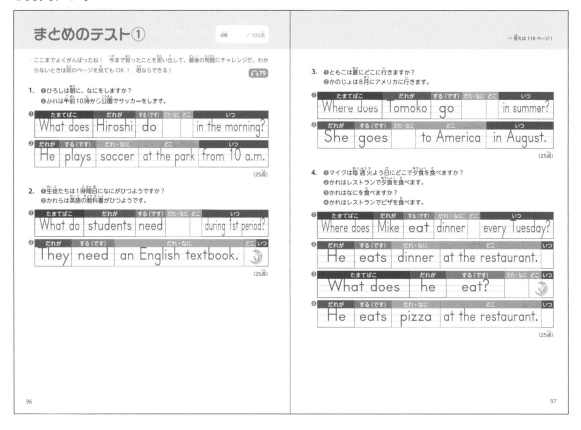

まとめのテスト①

点数　／100点

⇒答えは118ページ！

ここまでよくがんばったね！　今まで習ったことを思い出して、最後の問題にチャレンジだ。わからないときは前のページを見てもOK！　君ならできる！　🎧79

1. ①ひろしは朝に、なにをしますか？
②かれは午前10時から公園でサッカーをします。

① What does | Hiroshi | do | | in the morning?
② He | plays | soccer | at the park | from 10 a.m.

(25点)

2. ①生徒たちは1時間目になにがひつようですか？
②かれは英語の教科書がひつようです。

① What do | students | need | | during 1st period?
② They | need | an English textbook. 🌙

(25点)

3. ①ともこは夏にどこに行きますか？
②かのじょは8月にアメリカに行きます。

① Where does | Tomoko | go | | in summer?
② She | goes | | to America | in August.

(25点)

4. ①マイクは毎週火よう日にどこで夕食を食べますか？
②かれはレストランで夕食を食べます。
③かれはなにを食べますか？
④かれはレストランでピザを食べます。

① Where does | Mike | eat | dinner | every Tuesday?
② He | eats | dinner | at the restaurant.
③ What does | he | eat? 🌙
④ He | eats | pizza | at the restaurant.

(25点)

● 98、99ページ

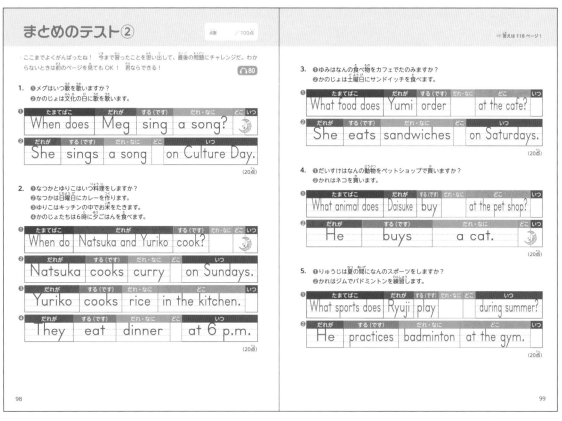

まとめのテスト②

点数　／100点

⇒答えは118ページ！

ここまでよくがんばったね！　今まで習ったことを思い出して、最後の問題にチャレンジだ。わからないときは前のページを見てもOK！　君ならできる！　🎧80

1. ①メグはいつ歌を歌いますか？
②かのじょは文化の日に歌を歌います。

① When does | Meg | sing | a song? 🌙
② She | sings | a song | on Culture Day.

(20点)

2. ①なつかとゆりこはいつ料理をしますか？
②なつかは日曜日にカレーを作ります。
③ゆりこはキッチンの中でお米をたきます。
④かのじょたちは6時に夕ごはんを食べます。

① When do | Natsuka and Yuriko | cook? 🌙
② Natsuka | cooks | curry | on Sundays.
③ Yuriko | cooks | rice | in the kitchen.
④ They | eat | dinner | at 6 p.m.

(20点)

3. ①ゆみはなんの食べ物をカフェでたのみますか？
②かのじょは土曜日にサンドイッチを食べます。

① What food does | Yumi | order | | at the cafe?
② She | eats | sandwiches | | on Saturdays.

(20点)

4. ①だいすけはなんの動物をペットショップで買いますか？
②かれはネコを買います。

① What animal does | Daisuke | buy | | at the pet shop?
② He | buys | a cat. 🌙

(20点)

5. ①りゅうじは夏の間になんのスポーツをしますか？
②かれはジムでバドミントンを練習します。

① What sports does | Ryuji | play | | during summer?
② He | practices | badminton | at the gym.

(20点)

● 100、101ページ

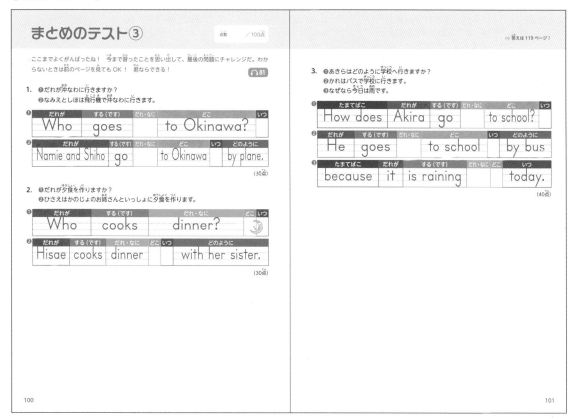

●監修者紹介

田地野　彰 (Akira Tajino)

名古屋外国語大学教授。京都大学名誉教授。専門は、教育言語学・英語教育。言語学博士 (Ph.D.)。「意味順」関連では、『「意味順」だからできる！ 絵と図でよくわかる小学生のための中学英文法入門』(Jリサーチ出版, 2020)、『「意味順」式 イラストと図解でパッとわかる英文法図鑑』(KADOKAWA, 2021)、『ドラえもんの英語おもしろ攻略—ひみつ道具で学ぶ英語のルール』(小学館, 2022)、『改訂版「意味順」式で中学英語をやり直す本』(KADOKAWA, 2023)、NHKテレビ語学番組Eテレ「基礎英語ミニ」(2012年度上半期)、「意味順ノート」(日本ノート) などの著者・監修者。NHKラジオテキスト『基礎英語1』(2013年度・2014年度) と『ラジオで！ カムカムエヴリバディ』(2021年度) にて連載を担当。

●著者紹介

中川　浩 (Hiroshi Nakagawa)

近畿大学情報学部講師。専門は英語教育学。教育学博士 (Ed.D.)。アメリカ・モンタナ州のCarroll大学を経て英語教授法の学位を取得。その後、アリゾナ州、カンザス州でアメリカ人を含む他国の学生に英語を教えるとともに、ESLプログラムを統括。Fort Hays State Universityで修士号取得、現地のESL教員養成プログラムの構築に関わる。約10年間アメリカにて英語教育を行ったのち、日本に帰国し大学教員となる。2017年にNorthcentral Universityで博士号取得。著書は『小学生おもしろ学習シリーズ まんが10才までに覚えて差がつく英語』(西東社, 2020)、『「意味順」だからできる！ 小学生のための英単語ドリル はじめの一歩1』(Jリサーチ出版, 2021) など。

小泉　レイラ (Leila Koizumi)

ハワイ生まれ。京都大学大学院人間・環境学研究科修士課程修了。NHK朝の連続テレビ小説「さくら」でハワイ英語指導担当。児童、学生、大人、企業人、役者、高校教員など多岐に渡る人々への指導経験を経て、2014年に国際交流事業を立ち上げる。現在はその一環として国際交流を通した英語教育を提供するとともに、学習教材を開発・出版。

カバーデザイン／イラスト	有限会社ウエナカデザイン事務所
本文デザイン／DTP	有限会社スタジオサムワン
本文イラスト	Tsuki、佐土原千恵子
音声録音・編集	一般財団法人英語教育協議会 (ELEC)
ナレーター	Karen Haedrich、水月優希
編集協力	巣之内史規

「意味順」だからできる！
小学生のための英文法ドリル③ 疑問詞マスター

令和2年 (2020年) 7月10日　　初版第1刷発行
令和5年 (2023年) 4月10日　　第2刷発行

監修者	田地野彰
著者	中川浩、小泉レイラ
発行人	福田富与
発行所	有限会社 Jリサーチ出版
	〒166-0002　東京都杉並区高円寺北2-29-14-705
	電話 03(6808)8801(代)　FAX 03(5364)5310
	編集部 03(6808)8806
	https://www.jresearch.co.jp
	Twitter公式アカウント @Jresearch_　https://twitter.com/Jresearch
印刷所	シナノ パブリッシング プレス